Reise durch

POMMERN

Bilder von

Ralf Freyer

Texte von

Ernst-Otto Luthardt

Stürtz

ARKONA

8355080
L-5655
B-820
T-582

INHALT

Erste Seite: *Uferpartie bei Funkenhagen (Gaski). Nachdem bereits 1286 in der Gegend ein Gefecht zwischen Stettiner und polnischen Truppen stattgefunden hatte, wurde zwei Jahre später die Ortschaft »Vunkenhagen« auch erstmals urkundlich erwähnt.*

Vorherige Seite: *1907 ließ der damalige Stettiner Oberbürgermeister Haken auf dem Fort Leopold am Hafen eine Terrasse errichten, die seinen Namen bekam. Sie wird von mehreren repräsentativen Bauwerken, so dem Wojewodschaftsgebäude und dem Nationalmuseum, gekrönt.*

Unten: *Der Maler und sein »Modell« – die Ostsee vor Rügen.*

Seite 10/11: *Am Strand von Misdroy (Międzyzdroje) – dem bedeutendsten Seebad der Insel Wollin. Die ersten Gäste kamen 1830. Bereits fünf Jahre danach begann der geregelte Badebetrieb.*

MIZ-21

MIZ-16
MIZ-12

P O M M E R N –

Fischerboote vor der Insel Rügen. Noch bis Ende des 19. Jahrhunderts stand an der pommerschen Küste der Heringsfang an erster Stelle. Stettin war der größte deutsche Stapelplatz für diesen Fisch.

Die heute sowohl auf deutschem wie auf polnischem Staatsgebiet gelegene alte Kulturlandschaft trägt ihre geografische Lage im Namen. Mit dem Meer ist die Ostsee (Morze Bałtyckie) gemeint, die auf 515 Kilometer Länge die Küste umspült. Doch zu Pommern (Pomorze Zachodnie) gehört auch Land im Meer: Hiddensee, Usedom (Uznam), Wollin (Wolin) oder Rügen. Letztere ist die größte deutsche, Wollin die größte polnische Insel. Usedom teilen sich die beiden Staaten.

Das Gesicht dieser Landschaft wurde durch das Eis geformt. An der Küste hat der riesige Hobel alles platt geschliffen. Dieser typischen Grundmoräne folgt ein kuppiges Zwischenstück, das in die Endmoräne übergeht. Sie umfasst jenes Erdmaterial, das das Eis vor sich her geschoben und wallartig zu einem Landrücken aufgetürmt hat, der sich quer durch nahezu ganz Pommern zieht. Im Osten hat das Eis mit über 200 Meter hohen Erhebungen besonders gute Arbeit geleistet. Dass jedoch die Pommern den südlich von Bütow (Bytów) gelegenen 256 Meter hohen Schimmritzberg oder den 22 Meter niedrigeren Steinberg bei Rummelsburg (Miastko) allen Ernstes Berg nennen, mag einen Bayern wundern. Der Pommer indes kann gelassen entgegenhalten, dass die Bezeichnung »Bayerisches Meer« für den Chiemsee ja wohl ebenso mächtig übertrieben sei. Immerhin sind sich die Regionen gar nicht so fern und fremd, wie es den Anschein haben mag: Das Bayerische Voralpenland und Pommern wurden etwa zur gleichen Zeit durch das Eis geprägt.

BISCHOF OTTOS SCHWIERIGE MISSION

Schenkt man den – vorpommerschen – Legenden beziehungsweise dem Volksmund Glauben, müssen die ersten, also die vorge-

schichtlichen, Bewohner Riesen gewesen sein. Als Beweis für diese These werden die monumentalen Gräber und die angeblich dort gefundenen monströsen Knochen ins Feld geführt. Die Wahrheit ist, dass germanische Stämme hier gesiedelt haben, die dann in der Völkerwanderungszeit gen Süden zogen. Darauf rückten Slawen nach und vermischten sich mit den Resten der germanischen Bevölkerung zum Volk der Pomoranen.

Diese hatten sich in den nachfolgenden Jahrhunderten dänischer, polnischer und deutscher Attacken zu erwehren – und die Wahl, sich entweder von ihren alten Göttern zu trennen oder mit ihnen unterzugehen. Christliche polnische und deutsche Herrscher machten gemeinsame Sache gegen die Heiden. 1124 kam der Bamberger Bischof Otto in das Land und überredete den pommerschen Herzog Wratislaw I. von Stettin (Szczecin), sich und seine Familie taufen zu lassen. Das brachte für dessen Söhne den Vorteil, dass sie deutsche Herzöge wurden, für 24 Nebenfrauen jedoch die Entlassung. Doch die alten Götter wollten nicht klein beiund ihre Anhänger nicht kampflos abgeben. So musste Otto noch einmal nach Pommern.

Das Land erhielt einen eigenen Bischof, der zuerst in Wollin, dann in Cammin (Kamień Pomorski) seinen Sitz hatte. Benediktiner, Prämonstratenser, Zisterzienser, Franziskaner und Dominikaner gründeten auf Usedom, in Stolp (Słupsk), Kolbatz (Kołbacz), Belbuck (Białoboki) oder Stralsund klösterliche Niederlassungen. Den Gottesleuten folgten deutsche Siedler nach. Doch selbst unter den Christen ging das Gerangel um Pommern nicht nur weiter, es wurde sogar noch komplizierter. So mussten die Pommernherzöge zwar wiederholt die polnische Lehenshoheit anerkennen, doch die Polenherzöge hatten andererseits deutsche Lehnsherren zu akzeptieren. Das änderte sich erst 1181, als Friedrich I. Barbarossa Herzog Bogislaw I. direkt belehnte und Pommern dadurch dem Heiligen Römischen Reich eingegliedert wurde.

»POMMERLAND IST ABGEBRANNT…«

Als ob der Krieg gegen Brandenburg (1273–1275) nicht schon genug Probleme gebracht hätte, kamen sich die Pommernherzöge noch untereinander in die Quere und teilten zwei Jahrzehnte später ihr Territorium: Die einen regierten in Wolgast, die anderen in Stettin. Erst 1478 gingen sie wieder zusammen.

Dazwischen lagen erneut unruhige Jahre. Mit dem Deutschen Orden war nicht gut Nachbar sein. Und auch die Hussiten ließen das Land nicht ungeschoren. Bogislaw X., der bedeutendste pommersche Herrscher, gab dem für kurze Zeit wiedervereinten Land zwar neue Hoffnung. Doch diese starb ebenso schnell, wie sie gekommen war.

Zu Beginn des 17. Jahrhunderts überschlugen sich dann die Ereignisse: Nachdem es weder Philipp II. noch Bogislaw XIV. zu männlicher Nachkommenschaft gebracht hatten, starb das pommersche Herzogshaus 1637 aus. Mit dem Erben wären eigentlich die Brandenburger an der Reihe gewesen. Doch das wussten die Schweden, die zusammen mit den Kaiserlichen Pommern zum Schauplatz jenes dreißig Jahre währenden Mordens gemacht hatten, zu verhindern. An diesen Krieg und seine Folgen erinnert das bekannte Lied:

Maikäfer flieg!
Der Vater ist im Krieg.
Die Mutter ist in Pommerland,
Pommerland ist abgebrannt.
Maikäfer flieg!

Die Preußen bekamen Pommern auf Raten: 1653 Hinterpommern, nach dem Nordischen Krieg einen Teil Vorpommerns, den Rest – inklusive Rügen – 1815 als Ergebnis des Wiener Kongresses. 1945 brannte Pommerland noch einmal ab. Hinter- und Mittelpommmern fielen an Polen, nur Vorpommern blieb deutsch. Knapp zwei Millionen Menschen mussten ihre Heimat verlassen.

POWERFRAUEN

Im Unterschied zu den pommerschen Fürsten, die nicht gerade die Welt und kaum ihr Herzogtum bewegt haben, schrieben einige Frauen sogar große Geschichte. 1362 wurde Elisabeth von Pommern-Stolp Karl IV., dem Kaiser des Heiligen Römischen Reiches, anvermählt. Ihre Zeitgenossen nannten sie »die Starke« und selbst wenn nur ein Teil von dem stimmt, was ihr an körperlichen Kräften nachgesagt wurde, müssen diese ungeheuer gewesen sein. So soll sie mit bloßen Händen Hufeisen gebogen, Schwerter zer-

Die Burg des Deutschen Ordens in Schivelbein (Świdwin) wurde auf einer Sumpfinsel inmitten des Regaflusses errichtet. Sie stammt in ihrem Kern aus dem 15. Jahrhundert und wird von einem mächtigen backsteinernen Bergfried, der auf Findlingsblöcken steht, dominiert.

brochen und Panzerhemden entzweigerissen haben. Allerdings ließ sie als brave Gattin ihre Muskeln nur dann in der Öffentlichkeit spielen, wenn der Kaiser dazu Order gab.

Gar nichts auf ihren Mann gab jene am 21. April 1729 in der Stettiner Großen Domstraße geborene Prinzessin Sophie Auguste Friederike von Anhalt-Zerbst, die mit 15 Gattin des russischen Thronfolgers wurde und mit 32, als Zarin, ein Weltreich regierte. »Katharina die Zweite kam 1744 nach Russland, um Peter III. zu heiraten«, schrieb sie rückblickend über sich selber. Und weiter: »Mit vierzehn Jahren fasste sie den dreifachen Vorsatz, ihrem Gatten, Elisabeth (dessen Mutter) und dem russischen Volk zu gefallen. Sie hat nichts unterlassen, um dies zu erreichen.« Was ihren Mann betrifft, stimmt die Sache so nicht ganz. Besaß er doch als Zar gerade einmal sechs Monate Zeit, um sich an Katharina zu erfreuen. Die hatte inzwischen einen vierten Vorsatz gefasst, nämlich schnell Witwe und damit selber Zarin zu werden.

Im übrigen war dies nicht der einzige spektakuläre pommersche Frauen-Export an den russischen Hof. So wurde die Stettiner Prinzessin Sophie Dorothea von Württemberg (1759–1828) als Marja Fjodorowna Gattin des späteren Zaren Paul I. und damit Schwiegertochter Katharinas II. Ein Scheitern solcher Frauen-Karrieren gibt es in Pommern scheinbar nur im Märchen. Her- und Ausgang der Geschichte »Von dem Fischer un syner Fru« sind allgemein bekannt: Die maßlose Ilsebill, die ihren »Pissput« gegen ein königliches Schloss eintauschen will, sieht sich am Ende wieder in gehabten Verhältnissen.

»EREN RICKE« STÄDTE

Dem Agrarland Pommern sind nicht nur sehr ehrenreiche, sondern genauso sehenswerte Städte eingesprenkelt. Gleich 17 davon wurden mit der Hanse groß. Stralsund galt

Über Jahrhunderte hinweg hat die Ostsee das Steilufer bei Funkenhagen abgetragen und so das Gesicht der Landschaft fortwährend verändert. In den zwanziger Jahren des vergangenen Jahrhunderts wurde eine Buhnenkette errichtet, die der zerstörerischen Kraft des Meeres Schranken setzte.

sogar, zusammen mit Lübeck, als »Mutter« dieses mächtigen Städtebundes. Musste doch 1370 im dortigen Rathaus der dänische König jenen Vertrag unterzeichnen, in dem der Hanse Mitsprache bei der Thronfolge festgeschrieben und sie zur alleinigen Herrin von Ost- und Nordsee wurde. Von dieser Vergangenheit profitiert die Stadt bis heute. Vor allem der Alte Markt bündelt mit eben diesem Rathaus, dem Wulflamhaus und der Nikolaikirche gleich etliche Perlen der Backsteingotik. Doch auch über diese »Gute Stube« Stralsunds hinaus hat die alte Architektur wieder Gesicht bekommen, ist Heruntergekommenes zum Schmuckstück geworden.

Ähnliches gilt für jene Siedlung Grypeswold, die ab 1199 neben dem Zisterzienserkloster Eldena wuchs und 1250 das Stadtrecht sowie 1456 eine Universität erhielt. Die Silhouette Greifswalds wird von drei riesigen Backsteinkirchen bestimmt. Sie sind Maria, der Gottesmutter, beziehungsweise St. Nikolaus und St. Jakob gewidmet und reich geschmückt (zum Teil mit spätgotischen Fresken) beziehungsweise mit kostbarer Ausstattung versehen. Im Gegensatz zu diesen himmelsstürmenden alten Gotteshäusern sind die reetgedeckten Fischerkaten in dem eingemeindeten Fischerdorf Wieck bescheiden und der Erde verbunden.

Nicht die Hansezeit, sondern die Architektur und den Geist des Klassizismus spiegelt das Städtchen Putbus auf Rügen. Diese Ortschaft gibt es erst seit knapp 200 Jahren, als Fürst Wilhelm Malte I. hier seinen Traum von einer neuen, idealen Residenzstadt in die Tat umsetzte. Der aufgeklärte Schöngeist teilte seine Regentschaft mit den Musen. Von dieser Verbindung zeugen noch das Theater, der von Peter Joseph Lenné gestaltete Schlosspark, die Orangerie und der Marstall sowie der »Circus«, ein einzigartiges Ensemble von 16 weißleuchtenden klassizistischen Gebäuden, die sich in einem weitläufigen Ring um einen Obelisken gruppieren.

Im Gegensatz zu den vorpommerschen verloren im Zweiten Weltkrieg die weiter östlich gelegenen Kommunen viel von ihrer historischen Substanz. Doch inzwischen ist auch hier das, was zu retten und zu restaurieren war, wiedererstanden. So können sich zum Beispiel Stargard (Stargard Szczeciński) und Cammin mit der von Heinrich Brunsberg erbauten gotischen Marienkirche und dem romanisch-gotischen Johannesdom zwei der kunsthistorisch bedeutsamsten Gotteshäuser ganz Polens rühmen. Pyritz (Pyrzyce) wiederum, das »Pommersche Rothenburg«, besitzt trotz schwerster Zerstörungen noch große Teile der berühmten mittelalterlichen Wehranlagen. Und die alte Festungsstadt Kolberg (Kołobrzeg), die fast schon gestorben schien, lockt heute wieder mit rekonstruierter Historie und einem herrlichen Strand. Ebenso versprechen Treptow (Trzebiatów), Köslin (Koszalin), Stolp und Rügenwalde (Darłowo) – letztere Stadt blieb als eine der wenigen vom Kriege verschont – interessante Entdeckungen.

Weniger bekannt ist, dass der Deutsche Orden auf pommerschem Boden (damals zu Pomerellen gehörend) ein bemerkenswertes architektonisches Erbe hinterlassen hat. Seine Burgen stehen in Schivelbein (Świdwin), Lauenburg (Lębork), Schlochau (Człuchów) und Bütow (Bytów). Letztere Anlage ist nicht nur die jüngste in der Ordensgeschichte, sondern auch eine der schönsten überhaupt.

VON TREUEN, GROBEN UND TRINKENDEN POMMERN – VERSUCH EINES CHARAKTERBILDES

»Die pommerschen Wasallen seindt getreue wie goldt…«,behauptete Preußens König Friedrich Wilhelm I. Und sein Sohn und Nachfolger Friedrich II. ergänzte: »Sie haben einen geraden und schlichten Sinn. Unter den Untertanen aller Provinzen eignen sie sich am besten für den Kriegsdienst wie für alle anderen Ämter. Nur mit diplomatischen Verhandlungen möchte ich sie nicht betrauen, weil ihr Freimut nicht für Geschäfte passt…«

Im Gegensatz zu seinem Vater sah der Alte Fritz in Pommern jedoch nicht nur ein besonders verlässliches soldatisches Reservoir, sondern eine Provinz, die der besonderen Aufmerksamkeit lohnte. So wurde der Kriegsmann zum weitsichtigen Kolonisator. Aus unwegsamen Sümpfen (Brüche) an Oder (Odra), Plöne (Płonia) oder Netze (Noteć) entstand neues Ackerland. 159 Dörfer wurden unter seiner Regierung gegründet und mit mehr als 25 000 Neu-Pommern aus der Pfalz, Württemberg, Sachsen, Böhmen, Österreich, Mecklenburg, Schwedisch Vorpommern sowie aus Polen besiedelt. Kein Wunder, dass man ihn hierzulande wie keinen anderen Herrscher zuvor und danach verehrte und ihm sogar verzieh, dass seine Dragoner den Anbau und den Verzehr der Kartoffel teils mit Gewalt erzwangen.

»Je fester die Faust, desto näher an Pommern«, heißt es in einem alten Sprichwort. In der Tat scheint es bei diesem Menschenschlag schwer, Direktheit und viel zitierte Grobheit auseinander zu halten. Das muss wohl schon dem Herrn Goethe so ergangen sein, als er sich einst am Weimarer Hof über die Artilleriewissenschaft ausgelassen hatte und darauf von einem pommerschen Leutnant gesagt bekam, dass er davon, pardon, nicht das Mindeste verstünde. Glaubt man der Anekdote, soll Goethes nachdenkliche Antwort gelautet haben: »Ja, ihr Herren Pommern seid doch recht freimütige oder wohl gar grobe Männer.« Lange Zeit hinweg kursierte mit Blick auf besonders trinkfeste Mannsbilder der Spruch: »Er säuft wie ein Pommer.« Dass dieser inzwischen in Vergessenheit geraten ist, liegt vermutlich nicht am Schwächeln der Pommern, sondern am Nachlegen der anderen…

IKARUS' ERBEN

Zusammen mit seinem Bruder Gustav wollte es der 1848 in Anklam geborene Otto Lilienthal dem wagemutigen Kreter gleichtun und fliegen. Dabei dienten ihm die Störche an der heimatlichen Peene als Lehrmeister. Ihrer Beobachtung entsprang seine grundlegende Erkenntnis, dass »alles Fliegen Erzeugen von Luftwiderstand, alle Flugarbeit Überwinden von Luftwiderstand« sei. Die ersten praktischen Versuche dazu waren allerdings nicht mehr als Sprünge gegen den Wind; vom Fliegen konnte keine Rede sein. Das Hüpfen und Hopsen der Brüder sah nicht nur komisch aus, sondern endete auch schmerzlich. Doch weder verstauchte, noch entzweigebrochene Gliedmaßen konnten dem Traum vom Fliegen ein Ende setzen. 1891 war es dann so weit: Lilienthal schaffte ganze 250 Meter und erbrachte mit diesem

Das Stralsunder Rathaus gilt als der schönste Profanbau der Backsteingotik in ganz Pommern. Die zwei ursprünglichen Giebelhäuser von 1278 verbindet seit dem 15. Jahrhundert ein prächtiger Querbau mit zweischiffiger Laube und verschiedenen Repräsentationsräumen.

ersten Gleitflug den Beweis, dass es der Mensch den Vögeln gleichtun kann. Nachdem er noch eine Reihe weiterer Flugapparate gebaut hatte, ereilte ihn dann 1896 bei der Erprobung seines Gleiters Nr. 7 das gleiche Schicksal wie seinen legendären Vorgänger: Er stürzte tödlich ab.

Exakt vier Jahrzehnte später wurde der Peenefluss zu einem Hauptschauplatz bei der militärischen Eroberung des Himmels. In der nahe dem Fischerdorf Peenemünde eingerichteten Heeresversuchsanstalt bauten deutsche Wissenschaftler die ersten Raketen. Sie sollten, als »Wunderwaffen«, die militärische Niederlage Hitlerdeutschlands noch verhindern helfen – was bekanntlich misslang. Die meisten Beteiligten überstanden jedoch, im Gegensatz zu Ikarus und Lilienthal, den »Absturz« ohne Schaden. Und nicht wenige – darunter Wernher von Braun – starteten sogar, unter neuen Herren, eine zweite Karriere. Eine weitere Raketenversuchsstation hatten die Nazis im östlichsten Zipfel Hinterpommerns versteckt. Ab 1940 schoss man von den Dünen bei Leba (Łeba) Raketen in den Himmel, welche die vermutlich von einem Wagnerianer ersonnenen Tarnnamen »Rheinbote« und »Rheintochter« trugen.

»VINETA SOLL UNTERGAHN, WILL SE HÄT VÄ BÖSES DAN …«

Nach Adam von Bremen (1074) war Vineta (oder Jumne) »die größte aller Städte, die Europa einschließt« und »viel besuchter Mittelpunkt des Verkehrs für die Barbaren und Griechen im Umkreis«. Hundert Jahre später findet sich in der »Slawischen Chronik« des Helmold von Bosau bereits ein Nachruf: Die gott- und sittenlose Stadt sei in den Fluten der Ostsee untergegangen. Um 1345 setzte schließlich Bruder Angelus von Stargard die Vineta-Sage in die Welt, die bis heute nicht nur patriotische Heimatforscher und diverse Schatzsucher, sondern auch Archäologen

Das Schloss der alten Hansestadt Rügenwalde diente bis 1653 den pommerschen Herzögen als Residenz. Später wurde es unter anderem als Gefängnis und Warenlager genutzt. Seine heutige museale Existenz geht auf das ehemalige deutsche Kreisheimatmuseum zurück, dessen Bestände allerdings stark gelitten haben.

beschäftigt. Fündig geworden ist indes noch keiner. Da Adam von Bremen eindeutig die Odermündung als Standort angegeben hat, suchen die einen vor Usedom, die anderen vor Wollin beziehungsweise auf der Insel selbst nach dem Atlantis der Ostsee. Gräbt man doch dort seit den dreißiger Jahren des vergangenen Jahrhunderts nahe dem Hauptort die Reste einer großen Handelsstadt aus der Zeit der Wikinger und Slawen aus, die unter dem Namen Julin bekannt gewesen ist und wegen ihres Reichtums Berühmtheit erlangt hat. Vielleicht war sie der Stoff, aus dem der Traum von Vineta gemacht ist.

Die Pommern wissen, dass das Meer nicht nur gibt, sondern ebenso nimmt. So ist denn in den alten Chroniken immer wieder von verheerenden Sturmfluten und Überschwemmungen die Rede, die Land und Menschen verschlangen. Das wohl bekannteste Symbol dieser ewigen Auseinandersetzung ist jenes Stück Gemäuer, das nahe dem winzigen Dörfchen Hoff (Trzęsacz) auf der Steilküste balanciert. Es handelt sich dabei um den Rest eines alten Gotteshauses, das im 12. Jahrhundert von deutschen Siedlern erbaut worden ist. Damals noch etwa zwei Kilometer entfernt, ist das Meer schon längst zum unmittelbaren – feindlichen – Nachbarn geworden, der seit 1900 der Kirche zusetzt. Damals stürzte die Nordwestecke in die Tiefe. Ihr folgten die Nordwand, der Giebel und Teile des Chors. Der Rest, ob heute oder morgen, wird folgen.

IN DER »POLNISCHEN SAHARA«

Nahe Leba, im hintersten Hinterpommern, treibt der Wind sein ganz besonderes Spielchen mit dem Sand: Er macht ihm Beine. Sprich: Er jagt ihn, je nach Laune, hin und her. Und das schon seit vielen Jahrhunderten. Die dortigen Nehrungen gehören zu den größten Wanderdünengebieten unseres Kontinents. Immer nach der Pfeife des Win-

des tanzend und in Bewegung, »fressen« sie Wälder und »trinken« das Wasser des Lebasees (Jezioro Łebsko). Das Städtchen Lebamünde, eine Gründung des Deutschen Ordens, fiel ihnen zum Opfer. 1570 beschlossen die Einwohner, ihre alte Siedlung aufzugeben und weiter östlich die neue, heutige aufzubauen. In jener Richtung bewegen sich auch die Dünen fort. Wenn sie es eilig haben, schaffen sie maximal zwölf Meter pro Jahr. Aber selbst wenn sie bummeln, sind es immerhin noch fünf. Das, was sie verschlingen, geben sie irgendwann wieder frei. Bäume zum Beispiel, die unter dem Sand zu gespenstischen Holzstummeln geschrumpft sind.

Die bekannteste dieser Wanderdünen, die Lontzkedüne, umfasst eine Fläche von rund 17 Kilometern Länge und einem Kilometer Breite. Ihr höchster Punkt reicht 42 Meter über den Meeresspiegel. Seit 1966 Bestandteil des Słowiński-Nationalparks, gehört ihre Begehung zum absoluten Muss einer Pommernreise. Hat man oben auf den Sandbergen noch das Meer oder die Wälder im Blick, so ist unten in den Senken die Illusion einer Wüste so perfekt, dass man jeden Moment das Auftauchen einer Kamelkarawane erwartet. Den grandiosesten Anblick freilich bietet die Düne, wenn sie von der letzten Sonne des Tages mit rotem Licht übergossen wird.

Seite 22/23:
Als gigantische weißleuchtende Barriere von bis zu 120 Meter Höhe grenzen die Kreidefelsen der Stubbenkammer Land und Meer voneinander ab. Die überwältigende Naturstaffage zieht seit eh und je die Menschen – und besonders die Künstler – in ihren Bann.

Seite 24/25:
Auf der schmalen Nehrung zwischen der Ostsee und dem Lebasee liegt die Lontzkedüne – Pommerns »Wüste«. Ein Teil dieser beeindruckenden Wanderdüne ist von Leba aus über einen Rundwanderweg, der auch eine ehemalige Raketenversuchsanstalt der Wehrmacht mit einbezieht, den Besuchern zugänglich.

KÜSTE MIT INSELN –

Ahrenshoop, auf einer schmalen Landzunge gelegen, ist das westlichste Dorf des Pommernlandes. Die Ortschaft am ehemaligen Darßkanal zwischen Ostsee und Saaler Bodden geht auf die Mitte des 18. Jahrhunderts zurück und ist seit Ende des 19. Jahrhunderts als Künstlerkolonie bekannt.

Die bei Deutschland verbliebenen Gebiete westlich der unteren Oder symbolisieren für viele das Bild vom heilen, alten Pommern. In der Tat ist diese Vorstellung nicht nur aus Sentimentalitäten gewachsen. Da sind zum einen die Küstenstädte mit klangvollen Namen wie Stralsund und Greifswald oder auch Barth und Wolgast. Ihre Geschichte und Geschichten, in prächtigen Gottes-, Rat- und Bürgerhäusern über die Jahrhunderte hinweg Stein geworden, sind wieder laut zu vernehmen beziehungsweise in romantischen Stadt-Bildern zu erleben. Hinzu kommt, direkt vor der Haustür, die Ostsee. Die Annäherung zwischen Wasser und Land ist hier besonders behutsam, ja zärtlich. Die Bodden haben eine nur geringe Tiefe. So liegt die überflutete Grundmoräne, das »ertrunkene Land«, knapp unter dem Wasserspiegel und man kann vom Ufer aus weit hinauslaufen, ehe man den Boden unter den Füßen verliert.

Dem Festland gewissermaßen auf dem Kopf sitzen die Inseln. An Rügen arbeitet die Ostsee zweifach. Sie trägt an der Steilküste ab und bringt anderswo ihr Material wieder an. So wachsen, gichtigen Fingern gleich, Halbinseln ins Meer. Die Küstenlinie ist fransig wie ein Tuch. Liefe man sie in allen Windungen und Wendungen ab, käme man auf sage und schreibe 573 Kilometer. Im Westen hat Rügen eine Insel-Begleitung: Hiddensee scheint zum Greifen nahe. Die 18 Kilometer lange schmale Insel erinnert an ein riesiges Schiff, das – die Steilküste im Norden als Brücke, den flachen Süden als Bug – in den Strelasund einfährt. Tatsächlich wächst Hiddensee langsam dem Festland entgegen.

V O R P O M M E R N

Oben:
Die idyllische Halbinsel Darß gehört heute zum an die 700 Quadratkilometer umfassenden Nationalpark Vorpommersche Boddenlandschaft. Das Foto zeigt den kleinen Bootshafen von Althagen.

Rechts:
Die alten Fischerhäuser von Prerow sind mindestens genauso bunt wie die sommerlichen Gärten. Wer mehr über diesen Landstrich und die dort lebenden Menschen erfahren will, besuche das sehenswerte Heimatmuseum.

Links:
Reetgedecktes Fischerhaus in Zingst. In dem beliebten Seebad mit dem steinfreien Strand und den bewaldeten Dünen lebte Martha Müller-Grählert, von der das bekannte Lied »Wo die Ostseewellen...« stammt.

Unten:
Die Seemannskirche von Prerow wurde 1728 errichtet. Das Gotteshaus und der benachbarte Friedhof halten die Erinnerung an so manch tragisches Schifferschicksal wach. Jene Fahrensleute aber, die glücklich wieder nach Hause zurück kamen, stifteten zum Dank die Votivschiffe, die heute in der Kirche zu bewundern sind.

Rechts:
Stralsund, Vorpommerns größte Stadt, erhielt 1234 lübisches Recht. Die alte Hansestadt verteidigte lange ihre Unabhängigkeit, ehe sie zunächst an Schweden, danach kurzzeitig an Frankreich und schließlich an Preußen kam. Jenseits des rund 25 Kilometer langen und durchschnittlich zwei Kilometer breiten Strelasunds liegt Rügen.

Links:
Der Alte Markt, die »Gute Stube« Stralsunds, zeugt mit gleich mehreren gotischen Prachtbauten – so dem Rathaus, dem Haus des Bürgermeisters Wulflam und der Nikolaikirche – von der einstigen Bedeutung der Stadt, die zu den Gründungsmitgliedern der Hanse gehörte.

Oben:
Diesen Blick soll Caspar David Friedrich vor Augen gehabt haben, als er sein berühmtes Bild »Kreidefelsen auf Rügen« malte. Wie dem auch war – der weißleuchtende Steilabfall ist bis heute ein romantischer Sehnsuchtsort geblieben.

Rechts:
Vom Meer aus zeigen die Kreideklippen ein ganz anderes Gesicht. Vor allem ist aus dieser Perspektive auch jene Krone aus geheimnisvollem Laubwald, die das Plateau seit uralten Zeiten bedeckt und die Haine der heidnischen Götter verborgen hat, zu sehen.

Oben:
Just zu solchen Zeiten, in denen die Jasmunder Landschaft im Nebel zu ertrinken scheint, wollen manche Gott Svantewit auf seinem weißen Ross nebst großem Trinkhorn begegnet sein.

Links:
Auch wenn sich diese Bäume noch so fest an den Fels klammern, werden Wind und Meer nicht eher ruhen, bis dieser eines Tages mit ihnen in den Abgrund stürzt.

DIE BILDER-WELTEN DES

Wie so viele, die ihrer Zeit vorauseilten, wurde auch Caspar David Friedrich mit Kritik oder Missachtung bestraft. 1842, also zwei Jahre nach seinem Tod, wurden auf einer Auktion 29 Gemälde jenes Mannes, in dessen Werk sich der Begriff der romantischen Malerei am reinsten und am überzeugendsten verkörpert, für sage und schreibe 100 Taler verschleudert. Selbst diejenigen, die ihn schätzten, verstanden meist nur halb, was er wollte. So gestand der Dichter Ludwig Tieck, dass ihm vieles in Friedrichs Wesen »dunkel geblieben« sei. Und Goethe, der den Romantikern sowieso mit deutlichem Argwohn begegnete, sah zwar in den »mysthisch-religiösen« Landschaften das Neue, hielt sich aber mit seinem persönlichen Urteil darüber zurück. Wilhelm von Kügelgen war einer der wenigen Zeitgenossen, die damals schon erkannten, was heute alle Welt weiß: »Friedrich war ein Ein und Einziger in seiner Art«.

Geboren am 5. September 1774 in Greifswald, verließ er zwar nach zwei Jahrzehnten seine pommersche Heimat – zunächst, um in Kopenhagen Kunst zu studieren und danach, um diese in Dresden auszuüben – doch kehrte er nicht nur zu wiederholten längeren Besuchen dorthin zurück, sondern machte diese Landschaft zu einem entscheidenden Element seiner Bild-Revolution. Die Neuerung bestand darin, die naturhafte Anschauung durch den Geist und die Idee zu erhöhen. Die Friedrich'schen Gemälde sind deshalb nicht nur reich an Stimmungen, sondern ebenso an Symbolkraft.

Links:
»Zwei Männer in Betrachtung des Mondes«. Das Bildnis um 1820 zeigt, dass es nun, im Gegensatz zum idealisierten Landschaftsbild italienischer Prägung, vor allem um die Spiegelung subjektiver Empfindung und individueller Gefühlswelt in der Natur geht.

Oben:
Zwischen den gewaltigen Eisschollen muss man die zerborstenen Schiffsplanken suchen. Das symbolische Bild heißt, seinem Sujet entsprechend, »Die gescheiterte Hoffnung« und stammt aus dem Jahre 1821.

CASPAR DAVID FRIEDRICH

Rechts oben:
Neben Philipp Otto Runge ist er der bedeutendste Vertreter der deutschen Romantik: Caspar David Friedrich in einem Selbstbildnis um das Jahr 1810.

1810 sandte er zwei Arbeiten zur Berliner Akademieausstellung: Die »Abtei im Eichwald« und der »Mönch am Meer«. Besonders die Komposition des letzteren Bildes verblüffte: Der Himmel übermächtig, vier Fünftel der Leinwand einnehmend. Darunter, fast ineinander übergehend, das Meer. Der wenige Platz, der noch bleibt, ist dem Uferstreifen vorbehalten. Auf dieser Winzigkeit von festem Boden steht ein Mensch – eben der Mönch.

EHEMANN UND KÜNSTLER

Spät, im Januar 1818, heiratete Friedrich. Der Sommer sah das junge Paar in Greifswald und auf Rügen. Frucht dieser Reise war unter anderem das Gemälde »Auf dem Segler«. Es zeigt die beiden auf »Lebensfahrt« beziehungsweise »Schicksalsreise«. Beide Begriffe waren viel gebrauchte Schlüsselwörter, mit denen der Maler immer wieder Standort und Zielrichtung seiner persönlichen und künstlerischen Entwicklung zu umschreiben versuchte. Apropos Zielrichtung: Die Stadt, welche das Schiff ansteuert, verschwimmt im Dunst. Sie hat keinen Namen. Ihre Türme stehen nicht nur in Greifswald, sondern auch in Stralsund und Dresden.

Manch andere Friedrich'schen Gemälde spiegeln zwar die Gegend, nicht aber das letzte Detail, die konkrete Topografie wider. Gleiches praktizierte er mit Blick auf die Menschen. Falls überhaupt im Bild anwesend, sieht man meist nur deren Rücken, nicht aber die Gesichter. So wie auf dem berühmten Gemälde »Kreidefelsen auf Rügen«, das – ebenfalls im Zuge der Reise von 1818 entstanden – als Friedrichs »Hochzeitsbild« gilt. Wer Konkreteres darin sucht, muss sich in das Reich der Spekulation begeben. Denn der Künstler hat das Kreideriff so gemalt, dass man darin sowohl den »Feuerregenfelsen« aber genauso den »Wissower Klinken« sehen könnte. Und neben der lange gültigen Annahme, bei den beiden Männern handelte es sich um Caspar David und seinen Bruder Christian, gibt es ebenso die Vermutung, dass sich Friedrich gleich zweimal ins Bild gebracht habe: einmal als Ehemann und das andere Mal als Künstler – Existenzen, die ihm durchaus als eigenständig und schwer miteinander vereinbar schienen.

Rechts aussen:
Eines der berühmtesten Bilder Caspar David Friedrichs sind die »Kreidefelsen auf Rügen«, die um das Jahr 1818 entstanden.

So gerät denn eine Erkundung auf den Spuren der Gemälde Friedrichs zur Zeit- und zur Phantasiereise. Das heißt, den heutigen Betrachter und die von dem Künstler festgehaltenen pommerschen Sujets (verschiedene Ansichten der Ruine Eldena und der Stadt Greifswald, »Mondaufgang am Meer«, »Abend an der Ostsee« oder »Lebensstufen«) trennen fast zwei Jahrhunderte, sowie die Kunst-Stücke eines Genies, das der Landschaft ein zweites, tieferes Antlitz zu verleihen vermochte wie keiner vor und nach ihm.

Oben:
Bei den Herings-Fischern von Groß Zicker. Vor dem Auslaufen geht es auf den Booten ziemlich frostig zu, es wird Eis zur Kühlung des Fangs geladen.

Rechts:
Obwohl sich der Fang immer schwieriger gestaltet, hält man hier am Gewerbe der Vorfahren fest. Weiß man doch, dass schon beim Einlaufen die Touristen nach dem frischen Fisch Schlange stehen.

Links:
Mönchguter Heringsfischer bei der Arbeit. Die reichlich 10 Kilometer lange Halbinsel im Südosten Rügens zählte einst zum Besitz des Klosters Eldena. Ihre Bewohner pflegten bis in das 20. Jahrhundert hinein ihr eigenes besonderes Brauchtum.

Unten:
Saßnitz, der wichtigste Industriestandort Rügens, entstand 1906 aus dem Zusammenschluss des namensgebenden Fischerdorfes und des Bauerndorfes Crampas. Der Bau der Mole und damit die Entstehung des Hafens erfolgten Ende des 19. Jahrhunderts.

Rechts:
Zu der Malteschen-Inszenierung von Putbus gehört auch ein Theater. Der zweigeschossige Bau am Marktplatz datiert aus dem Jahre 1821. Zwei hufeisenförmige Ränge umlaufen den Zuschauerraum.

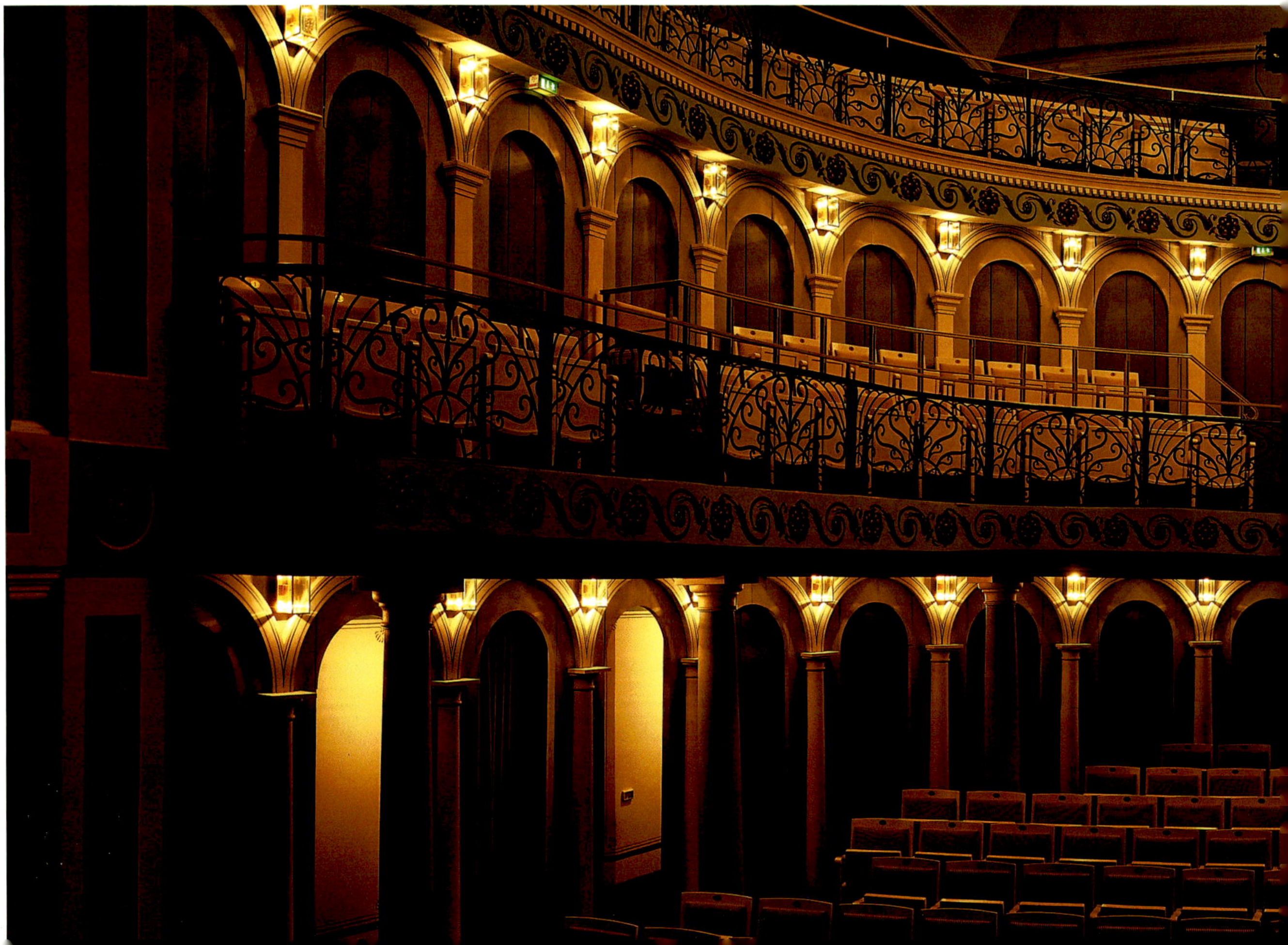

Links:
Lange im Dornröschenschlaf, präsentiert sich in Putbus der so genannte »Circus« – Prachtstück von Europas letzter planmäßig angelegter Residenzsstadt – in altem klassizistischen Glanz. Und der Obelisk in der Mitte ist den Einwohnern, wie zu Fürst Maltes Zeiten, wieder Mittelpunkt ihrer kleinen Welt.

Oben:
Vor den buchenbedeckten »Bergen« der Granitz gelegen, ist Sellin einer der bekanntesten Badeorte auf Mönchgut. Die alte legendäre Seebrücke wurde inzwischen durch eine neue ersetzt, die jedes Jahr im Juli zum Festplatz wird.

Rechts:
Schon recht bald, mit dem Beginn des Badetourismus im 19. Jahrhundert, avancierten die Strandkörbe zu jenen Bequemlichkeiten, die man beim Baden nicht mehr missen möchte. Den Fischern, die sie den Gästen vermieteten, konnte das nur recht sein.

Links:
Wie hier in Sellin gehören die Kurkonzerte längst wieder zum festen saisonalen Programm der großen pommerschen Seebäder diesseits und jenseits der Grenze.

Unten:
Nachdem zu Beginn des Badebetriebes viele Villen in Pommerns Küstenorten in schönster Holzbauweise ausgeführt wurden, gerieten diese in sozialistischer Zeit zumeist in Verfall. Dass sich ihre Restaurierung lohnt, beweist dieses prächtige Gebäude in Saßnitz.

Unten:
Westlich von Rügen erstreckt sich die nicht einmal 20 Quadratkilometer große Insel Hiddensee. Einer der bekanntesten Winkel des schmalen Eilandes ist der so genannte »Dornbusch« an der Nordspitze. Der Leuchtturm stammt aus dem Jahre1888.

Rechts oben:
Auch wenn Hiddensee vom Massentourismus nicht verschont geblieben ist, hat es doch den Vorzug, dass die Autos auf dem Festland bleiben müssen. Und wer die richtigen Stellen kennt, kann auch hier das Alleinsein genießen.

Rechts Mitte:
Im Hafen von Vitte, dem größten Ort auf Hiddensee. Hier und in Neuendorf landen die Schiffe an, welche die Gäste auf

die Insel bringen. Attraktion von Vitte ist, neben einer alten Rauchkate, die Villa des Stummfilmstars Asta Nielsen.

Rechts unten:
Abendstimmung auf Hiddensee. Wenn die Tagesgäste die Insel wieder verlassen haben, kann man sogar noch etwas von der »Weltabgeschiedenheit und Verlassenheit« spüren, die Gerhart Hauptmann so mochte.

PYRAMIDEN DES NORDENS

Vor etwa 4500 Jahren entstanden nicht nur am Nil, sondern auch an der heutigen pommerschen Küste ungewöhnliche Bauwerke. Doch während man im Falle der ägyptischen Pyramiden noch immer über ihre wirkliche oder geheime Funktion disputiert, besteht bei den pommerschen Megalithbauten kein Zweifel, dass sie als Grablege dienten. Dennoch bleibt ein Geheimnis um ihre Entstehung. Die Frage nach dem Transport und der Anordnung der oft zentnerschweren Findlinge gebar die Legende von Riesen. Wer sonst hätte diese Steinblöcke durch die Gegend schleppen, sie hochkant in Reihen aufstellen und dann noch mit mächtigen Deckplatten abdecken können als jene sagenhaften Gestalten? So wundert es nicht, dass sie als Namensgeber herhalten mussten und der Begriff Hünengräber in Umlauf kam. Von diesen weitaus ältesten Baudenkmälern des nord- und mitteleuropäischen Raumes fanden sich noch zu Beginn des 19. Jahrhunderts allein auf der Insel Rügen 236. Seither hat man nicht nur die Angst vor den Riesen verloren, sondern sogar die nutznießerische Seite ihrer angeblichen Hinterlassenschaft entdeckt. So wurden aus den Grabsteinen vor allem Pflaster- und Bausteine. Im Gegensatz zu den Riesen haben wenigstens noch 54 dieser Großsteingräber auf Rügen überlebt. Besonders zahlreich und teils in enger Nachbarschaft findet man sie zwischen Putbus und Lancken-Granitz.

Dass die Menschen der Steinzeit bei der Wahl ihrer Grabstätten Rügen so favorisierten, hatte seinen Grund in der Materiallage. Gibt es doch nirgends sonst so viele Findlinge wie hier. Inzwischen haben die Archäologen herausgefunden, dass man sich schon damals mit der Vorgabe der Natur nicht zufriedengegeben und die Lücken zwischen den großen Wandplatten mit sorgsam geschichteten kleinen Steinen zu Mauern aufgefüllt hatte.

Schon gegen Ende der Jungsteinzeit hatte sich das Ritual der Bestattung geändert, waren die Groß- von Einzelgräbern abgelöst worden. Diese blieben für jene 1800 Jahre vor Christi Geburt beginnende Epoche kennzeichnend, in der die Menschen die Metallherstellung und -bearbeitung entdeckten und für sich nutzbar machten. Die meisten Gräber auf Rügen stammen aus dieser Bronzezeit. Sie wurden nicht mehr aus Steinen errichtet, sondern entstanden durch

Steinkistengrab, Groß Rambin, Kreis Belgard

Gesichtsurnen

Hausurne

Kap Arkona

Links:
Ein prähistorisches Steinkistengrab bei Groß Rambin im Kreis Belgard.

Links:
Gesichtsurnen stammen aus der Bronzezeit (800 – 200 vor Christus), die an ihren Hälsen plastisch herausgebildete Ohren und Nasen, zuweilen auch Münder und Augen tragen.

Links:
Die früheste Hausurne stammt aus dem 1. Jahrtausend vor Christus – sie ist aus Ton geformt und gebrannt.

Rechts:
Großsteingrab bei Lancken-Granitz auf Rügen. In dieser Gegend haben sich besonders viele dieser monumentalen Megalithbauten erhalten. Den wissenschaftlichen Anstrengungen zum Trotz wissen wir bis heute relativ wenig über ihre Erbauer und deren Kultur.

Seite 45:
Noch das ganze 19. Jahrhundert hindurch konzentrierte sich die Archäologie auf die spektakuläre Suche nach der Hinterlassenschaft bekannter Hochkulturen. Die Hünengräber, hier der kleine Hügel mit Bäumen, wurden schlichtweg ignoriert.

Erdaufschüttungen. Deshalb können sie leicht mit Moränenkuppen oder Dünen verwechselt werden. Die bekanntesten dieser Grabhügel finden sich auf dem Festland bei Wolkow und auf Rügen nahe Samtens, Putbus, Stresow, Woorke, Patzig und Rambin. An letzterem Ort sind es gleich neun. Unbestreitbares Highlight ist jedoch der Dobberworth bei Sagard. Er überragt seine Umgebung um mehr als zehn Meter und sein Umfang beträgt rund 50 Meter.

TEMPELFESTE ARKONA

Spektakuläre Hinterlassenschaften aus slawischer Zeit sind die Überreste jener Wälle, die Heiligtümer sowie Siedlungs- und Marktplätze schützten. Die über 50 Meter hohe Steilküste im Norden Rügens wurde von der Tempelfeste Arkona gekrönt. Hier residierte Gott Svantewit. Durch den dänischen Geschichtsschreiber Saxo Grammaticus wissen wir, dass das Trinkhorn, welches die Statue der Gottheit in Händen hielt, nicht nur deren Labsal, sondern ebenso der Weissagung diente. Doch derlei Zukunftsschau hatte auch ihren Preis. Immerhin musste die Gottheit die Priester sowie 300 Tempelwachen ernähren.

Im Gegensatz zum viergesichtigen Svantewit, der den freien Blick mochte, soll sich sein ausgesprochen ansehnliches weibliches Pendant namens Hertha die dichten Buchenwälder der Stubnitz zum Aufenthaltsort gewählt haben. Jedenfalls verweisen Herthaburg und -see auf ihre sagenhafte Existenz. Dieser Ort wirkt, nachdem der Strom der Besucher versiegt ist, noch heute verwunschen. So scheint die Behauptung der christlichen Missionare, die Schöne längst vertrieben zu haben, nicht mehr als ein Gerücht. Woher sonst rühren all die Geschichten von jenen Mannsbilder, welche quer durch die Zeiten immer wieder diesen See beziehungsweise Frau Hertha gesucht (und vielleicht gefunden), dabei aber sich selber verloren haben?

Links:
Dorfstraße in Kloster. Noch Anfang des 20. Jahrhunderts zählte die alte Fischersiedlung ganze 9 Häuser. 1910 begann dann der steile Aufstieg zum Fremdenverkehrs- und Künstlerort.

Unten:
Das backsteinerne Gotteshaus von Kloster stammt aus dem Jahre 1781. Der Kirchenraum, von einem hölzernen Tonnengewölbe überdeckt, birgt einen originellen Kanzelaltar. 1946 fand Gerhart Hauptmann auf dem Friedhof seine letzte Ruhestätte.

Links:
»Haus Seedorn« nannte Gerhart Hauptmann sein Haus in Kloster, in dem er unter anderem die »Iphigenie in Delphi« diktiert hat. Der schlesische Nobelpreisträger kam nach seinem ersten Aufenthalt im Jahre 1885 von Hiddensee nicht mehr los. Das Bild zeigt das Arbeitszimmer des Dichters.

Oben:
Der so genannte »Kreuzgang« im Gerhart-Hauptmann-Haus – heute eine vielbesuchte Gedenkstätte, welche die Erinnerung an den großen Literaten, dessen Erzählung »Gabriel Schillings Flucht« auf Hiddensee spielt, wach hält.

Unten:
Die hölzerne Klappbrücke über der Ryck-Mündung verbindet seit 1886 die beiden im Osten Greifswalds gelegenen Stadtteile Wieck, ein ehemaliges Fischerdorf, und Eldena, bekannt durch seine berühmte Klosterruine.

Rechts oben:
Im Museumshafen von Greifswald hat manches alte und sehenswerte Schiff seinen letzten Ankerplatz gefunden.

Rechts Mitte:
Eldena, eines der bedeutendsten Zisterzienserklöster des Landes (1199 – 1533), ist zwar nur als weitläufige

Ruine erhalten, wurde aber durch die Ansichten Caspar David Friedrichs zu einem weitbekannten Sujet der romantischen Malerei in Deutschland.

Rechts unten: *Nachdem Greifswald 1250 das Stadtrecht verliehen bekommen hatte, entwickelte es sich zu einer blühenden Hansestadt. Das Bild zeigt den Markt mit der Marienkirche und herrlichen Giebelhäusern.*

AN ODER UND MEER –

Ahlbeck, das größte der drei »Kaiserbäder« auf Usedom und unmittelbar an der polnischen Grenze gelegen, besitzt die einzige erhaltene historische Seebrücke der Insel. Sie stammt aus dem Jahre 1898 und hat eine Länge von knapp 300 Metern.

Nach ihrem langen Schlängelweg von den Bergen Mährens durch Schlesien und die Mark Brandenburg hindurch erreicht die Oder kurz hinter Schwedt Pommern. Doch nachdem sie den Höhenrücken durchstoßen hat, wird sie übermütig und teilt sich in zwei Arme – um erst hinter Stettin wieder zusammenzufinden. Danach geht sie im Stettiner Haff (Zalew Szczeciński) mächtig in die Breite, ehe sie sich mit Peene, Swine und Dievenow gleich dreiflüssig in die Ostsee ergießt.

Während der Fluss die Lebensader Mittelpommerns bildet, ist Stettin dessen Herz. Die alte Herzogsstadt verbindet eine große Geschichte mit einer lebendigen Gegenwart und lohnt der Begegnung. An drei Seiten von Wasser, Wiesen und Wald umgeben, ist sie bis heute eine Stadt im Grünen geblieben. Die dichten Laubwälder des heutigen Naherholungsgebietes Buchheide gehörten früher dem Zisterzienserkloster Kolbatz, dessen romanisch-gotische Kirche auch als Ruine zu den großartigsten Hinterlassenschaften des mittelalterlichen Pommerns zählt. Trotz zum Teil schwerster kriegerischer Zerstörungen findet sich in Stargard, Pyritz und Cammin noch bemerkenswerte bauliche Substanz aus dieser und späterer Zeit. Jenseits der Grenze hat sich Ueckermündes Altstadt mit dem idyllischen Hafen besonders hübsch herausgemacht. Mit Usedom und Wollin stellen sich keine schmalen Nehrungen, sondern zwei richtige Inseln der Oder in den Weg. Die berühmten Sandstrände garantieren Badefreuden pur.

Übrigens: Im Gegensatz zu Vor- und Hinterpommern ist Mittelpommern kein politischer, sondern lediglich ein geografischer Begriff.

MITTELPOMMERN

Das auf einer Insel am Westufer des Peenestroms gelegene Wolgast geht auf einen wendischen Burg- und Marktort zurück, der 1259 deutsches Stadtrecht erhielt. Die kreisförmige mittelalterliche Altstadt gruppiert sich um einen kleinen Markt mit hübscher Bebauung.

Oben:
Wolgasts Stadtkirche St. Peter wurde zwischen 1280 und 1350 errichtet. Der dreischiffige gotische Hallenbau diente ursprünglich der Wolgaster Linie des pommerschen Herzogshauses als Hofkirche und Grablege.

Oben:
Während der so genannte Gerowit-Stein im Chor der Petrikirche an Wolgasts heidnische Tempelburg erinnert, die Bischof Otto von Bamberg zerstört hat, stammt das abgebildete Totentanzmotiv nach Hans Holbein von Caspar Sigmund Köppe und wurde um 1700 aufgetragen.

Links:
Das Wolgaster Rathaus aus dem Jahre 1512 erhielt seine heutige Gestalt zwischen 1718 und 1724. Die Reliefs auf dem davor stehenden Brunnen spiegeln die wichtigsten Ereignisse aus der bewegten Stadtgeschichte.

Links:
In diesem Wolgaster Bürgerhaus erblickte am 23. Juli 1777 Philipp Otto Runge, die – neben Caspar David Friedrich – herausragendste Künstlerpersönlichkeit der norddeutschen Romantik, das Licht der Welt. Unter den von ihm gesammelten Märchen ist auch die Geschichte »Von dem Fischer un syner Fru«.

Unten:
Pasewalk an der Uecker wurde 1150 erstmals schriftlich erwähnt und erhielt um 1250 Magdeburger Stadtrecht. Nachdem im II. Weltkrieg fast die gesamte Innenstadt unterging, ist das Mühlentor (um 1450) eines der wenigen Überbleibsel aus alter Zeit.

Rechts:
Der vorpommersche Küstenfluss Uecker windet sich von seiner Quelle bei Alt Temme rund 100 Kilometer lang zum Meer, das heißt zum Oderhaff. Seine einstige Bedeutung als Wasserstraße hat er längst verloren.

Links:
Heutzutage gehört die Uecker ausschließlich den Wasserwanderern, Anglern und Freizeitkapitänen, die hier nahezu ideale Bedingungen und eine herrliche Naturkulisse vorfinden.

Unten:
Blick auf den Hafen von Ueckermünde. Zunächst unter schwedischer und dann, ab 1715, unter preußischer Herrschaft, florierten Schiffbau und -fahrt in besonderem Maße. Allein zwischen 1781 und 1791 liefen in Ueckermünde mehr als 100 Segelschiffe vom Stapel.

Links oben:
Nachdem der Gutspächter Holtz aus Stolpe 1852 den ersten Badebetrieb organisiert hatte, wuchs das Dorf Ahlbeck rasch zu einem der bedeutendsten Seebäder an der pommerschen Küste, das vor allem von Familien mit Kindern gern besucht wurde.

Links Mitte:
Eine gepflegte und lebendige Kurpromenade verbindet, parallel zum Strand verlaufend, Ahlbeck, Heringsdorf

und Bansin. Hier wird flaniert und diskutiert und nachmittags beziehungsweise am Abend auf den Konzertplätzen der Kurkapelle gelauscht.

Links unten:
In der zweiten Hälfte des 19. Jahrhunderts schossen auch in Ahlbeck die Villen, Pensionen und Hotels aus dem Boden. Das einstige Dorf bekam städtischen Charakter. Inzwischen ist auch das historische Seehotel »Ahlbecker Hof« wieder eine der ersten Adressen im Ort.

Unten:
Die über hundertjährige hölzerne Ahlbecker Seebrücke wurde zwar oft durch Eisgang und stürmische See beschädigt, jedoch immer wieder renoviert.

Links:
Alte Bockwindmühle in Pudagla an Usedoms Westküste. Hier, am Achterwasser, fehlt es selten an Wind.

Unten:
Ahlbecker Strandidylle. Eine Alternative, die auch an kühleren Tagen beziehungsweise außerhalb der Saison ungetrübte Badefreuden ermöglicht, ist die neue »Ostseetherme«.

Unten:
Ein Besuch in Zinnowitz bietet auch eine Zeitreise in die Vergangenheit. Diese führt zur Architektur der Gründer- und Kaiserzeit.

Oben:
In der Ahlbecker Gebäudestaffage findet sich neben schlichten klassizistischen Kulissen und pompösen Konglomeraten aus nahezu allen Stilen auch solch romantisches Fachwerk.

Oben:
In der Heeresversuchsanstalt in Peenemünde wurde einst die »Wunderwaffe« V2 entwickelt, die das Kriegsglück noch zugunsten der Nazis wenden sollte. Heute bringt ein »Historisch-Technisches Informationszentrum« Licht in die Geheime Kommandosache und verhindert Mystifizierung.

Rechts:
Die Mühlenbake bei Swinemünde. Die Stadt am nordöstlichsten Zipfel Usedoms geht auf eine frühmittelalterliche Schutzburg zurück. 1297 wurde der Hafen erstmals erwähnt. Heute ist hier die größte polnische Fischereiflottille beheimatet.

Rechts:
Nachdem mit dem Bau des ersten Dampfschiffes (1826) und der Vertiefung des Flussbeckens Swinemünde zum Vorhafen von Stettin degradiert worden war, entwickelte sich im neu entstehenden Stadtteil Swinemünde-Bad der Kurbetrieb.

Links:
Blick auf das Hafenzollamt von Swinemünde. Die Stadt besaß einst eine eigene Handelsflotte und profitierte besonders vom Amerikanischen Unabhängigkeitskrieg, dem Englisch-Französischen Krieg und dem Krim-Krieg.

Mitte links und rechts:
Das Wikingerfest auf der Insel Wollin erinnert an die große frühgeschichtliche Siedlung, welche die streitbaren Nordmänner auf dem Gebiet der heutigen Stadt Wolin errichtet haben. Sie soll im Verlaufe ihres etwa dreihundertjährigen Bestehens mehr als zehnmal zerstört und wieder aufgebaut worden sein.

Unten links:
Schwäne am Strand von Swinemünde. Die polnischen Naturschützer tun alles, damit sich Tiere und Touristen vor allem während der Brut nicht allzu sehr ins Gehege kommen.

Unten rechts:
Folklorefest auf Wollin. Die alten Tänze und Lieder sind fest in den Köpfen und Herzen der Polen verankert. So ist bei diesen Veranstaltungen die Jugend nicht nur, als Vortragende, auf der Bühne, sondern auch im Publikum zu finden.

Rechts:
Swinemünde am Abend. Auch wenn es das alte deutsche »See- und Solbad« nicht mehr gibt, braucht sich der Ort über mangelnden Zuspruch nicht zu beklagen. Die Deutschen kommen allerdings zumeist als Tagesgäste.

Links oben und unten:
Das einstige vornehme Ostseebad Misdroy zeichnet sich nicht nur durch einen herrlichen Sandstrand, sondern auch durch seine besonders geschützte Lage aus. Die Fischerei hat eine große Tradition und ernährt wie eh und je einen großen Teil der Bevölkerung.

Oben:
Stettiner Oderpanorama mit der Hakenterrasse. Die monumentalen Gebäude auf deren »Kopf« wurden allesamt zu Beginn des 20. Jahrhunderts errichtet und zitieren die Renaissance.

Links:
1283 wurde den Stettinern das Stapelrecht eingeräumt. Dieses Privileg führte zu einem raschen Aufschwung der Stadt. Später, mit dem Ausbau der Swine, wurde Stettin zum größten Hafen Preußens und im 20. Jahrhundert zu einem der bedeutendsten Deutschlands. Dieser Superlativ gilt heute auch für Szczecin mit dem größten Seehafen Polens.

FRIDERICVS WILHELMVS·REX BORVSSIÆ·DVCATVM STETINENSEM
CESSVM BRANDENBVRGICIS ELECTORIBVS SVB CLIENTELÆ FIDE POMERANIÆ
DVCIBVS REDDITVM·POST FATO AD SVECOS DELATVM·IVSTIS PACTIS IVSTOQVE
PERTIO AD PANIM VSQVE EMIT·PARAVIT·SIBIQVE RESTITVIT·ANNO·MDCCXIX
AC PORTAM BRANDENB:FIERI IVSSIT·

Ganz Links:
Die Stettiner Stadtkirche St. Jakobi aus dem 13. Jahrhundert ist ein spätgotischer Hallenbau mit Chor. Das einst vielgerühmte mittelalterliche Inventar mit gleich fünfzig Altären wurde bereits im 17. Jahrhundert zerstört.

Links:
Gleich dem Königs- ist auch das barocke Hafentor in Stettin ein Werk Gerhard Cornelius von Wallrawes. Beide Bauten wurden zwischen 1725 und 1728 errichtet.

Unten:
Das Stettiner Schloss hat durch zahlreiche Zerstörungen und Umbauten über Jahrhunderte hinweg ständig sein Antlitz verändert. Nach dem langen kriegsbedingten Wiederaufbau dient es heute unter anderem als Museum, Kulturzentrum und Konzertstätte.

Links und ganz links:
Die Hakenterrasse zu Stettin – eine mit verschiedenen Architekturstücken versetzte Parklandschaft – verbindet den Strom mit der darüber liegenden Stadt, wo das Nationalmuseum die Besucher erwartet.

S T E T T I N –

Stettin-Bredow im Jahre 1851: Der Ingenieur Fürchtenicht machte seinem Namen alle Ehre, als er zusammen mit seinem Partner die berühmte Vulkanwerft gründete und erstmals in Deutschland Schiffe mit eisernen Rümpfen baute. Denn das, was uns heute so selbstverständlich ist, galt damals noch als gefährliches Experiment. »Holz schwimmt woll, Eisen versinkt«, erinnerte sich der Stettiner Carl Ludwig Schleich, der sich sowohl als Mediziner – er erfand die Lokalanästhesie – wie als Musiker, Maler und vor allem als viel gelesener Schriftsteller höchste Meriten verdient hat.

Allen Unkenrufen zum Trotz waren es dann gerade diese großen Schiffe, die Stettin neue Horizonte eröffneten. Dabei kam der aufstrebenden Industrie- und Hafenstadt ihre besondere Lage zugute. In der Tat hätten jene slawischen Fischer und Handwerker, die sich in der Völkerwanderungszeit hier sesshaft gemacht hatten, weit und breit keinen besseren Platz für ihre Siedlung aussuchen können: Nicht direkt am offenen Meer gelegen, aber durch die Oder mit ihm verbunden. Mit einem Fuß auf dem Binnenland stehend, mit dem anderen im Wasser.

Zu Beginn des Industriezeitalters erwachte die »Mutter der Städte im Pommernlande« aus ihrem Dornröschenschlaf. Die lange vernachlässigte Provinzstadt wuchs zur flächenmäßig drittgrößten deutschen Kommune. Nach dem Ausbau des Großschifffahrtsweges Berlin–Stettin im Jahre 1914 wurde auch der Hafen schrittweise erweitert, so dass er schließlich mit insgesamt sieben Becken und circa 25 Kilometern Kailänge Hamburg und Bremen Konkurrenz machen konnte.

Links oben:
Das Neues Rathaus am ehemaligen Victoriaplatz erinnert zwar an die gotischen Vorbilder, ist aber erst anderthalb Jahrhunderte alt. Nach 1945 wurde es wieder aufgebaut.

Oben:
Nicht weit von der Hakenterrasse entfernt liegen die Ausflugsschiffe vor Anker, welche die Besucher nicht nur zu Hafenrundfahrten, sondern auch die Oder abwärts ins Haff oder gar bis ans Meer einladen.

TOR ZUR OSTSEE

ARCHITEKTONISCHE GLANZSTÜCKE

Vorzeigestück dieser seit alters innigen Beziehung zwischen Fluss und Stadt ist die Hakenterrasse. Nach dem Abbruch des Forts Leopold wurde der gewonnene Platz zu einem 500 Meter langen und 20 Meter hoch aufsteigenden Grünstreifen gestaltet, der – mit Treppen, Rampen, Pavillons, einem Brunnen und einer Herkulesstatue – seit 1907 Wasser und Land verbindet und auf seiner Krone eine Reihe repräsentativer Gebäude trägt. Darunter das Städtische Museum von 1913 (heute Nationalmuseum) und das 1911 seiner Bestimmung übergebene Regierungsgebäude im Stil der Neorenaissance (heute Sitz der Wojewodschaftsbehörde).

Nach dem Untergang des alten Stettin in den Flammen des Zweiten Weltkrieges haben polnische Restauratoren Teile davon wiedererstehen lassen. Dazu gehört das einstige Residenzschloss der pommerschen Herzöge. Der vielgliedrige Bau erfuhr seit dem 14. Jahrhundert ein ständiges Auf und Ab an Erweiterungen, Zerstörungen, Veränderungen. Sein heutiges Aussehen geht auf jenes Bild zurück, das Matthäus Merian Mitte des 17. Jahrhunderts in Kupfer gestochen hat. Die kunstvolle Uhr am Turm des so genannten Boguslaw-Baues ist eines der Wahrzeichen der Stadt. Sie zeigt seit 1694 den Stettinern an, was die Stunde geschlagen hat.

Rechts oben:
Das Königstor des G. C. von Wallrawe, nur einen Katzensprung von der Kirche St. Peter und Paul entfernt, wurde von Bartholome Damast mit überaus reicher Bauplastik geschmückt.

Rechts:
Nachdem 1346 mit dem Bau des Schlosses begonnen wurde, ließ Herzog Johann Friedrich zwei Jahrhunderte danach die Schlosskirche folgen, deren Turm das Bild dominiert.

Vom ersten Rathaus aus dem 14. Jahrhundert blieb nur der Keller mit einem prächtigen Sterngewölbe erhalten. Das zweite errichtete Heinrich Brunsberg, Begründer des so genannten »Malerischen Stils« in Brandenburg und Pommern, zu Beginn des nachfolgenden Jahrhunderts. Wie schon beim Schloss entschieden die polnischen Denkmalspfleger, dem Gebäude nicht das Aussehen vor der Zerstörung, sondern sein ursprüngliches Gesicht – in diesem Falle ein gotisches – wiederzugeben.

Ein ähnlich bewegtes Schicksal hat das besterhaltene Beispiel Stettiner Patrizierarchitektur, der Loitzenhof. Der Name geht auf die ersten Besitzer zurück, die unter anderem Hausbankiers der polnischen Könige waren und vom letzten Jagiellonen, Zygmunt II., mit in den Ruin gerissen wurden.

Von den Stettiner Gotteshäusern ist die Johanneskirche nicht nur das älteste, sondern auch das künstlerisch bedeutsamste. Größer ist nur noch der Dom St. Jakob. An seiner Orgel – die im Zweiten Weltkrieg vernichtet wurde – saß über vier Jahrzehnte lang Carl Loewe, der Schöpfer des romantischen Balladen-Kunstliedes.

Linke Seite oben:
Die St. Jakobikirche (links) hieß man früher schlichtweg die »Große«. Der erste Bau, als Gotteshaus der deutschen Gemeinde, ging Ende des 12. Jahrhunderts auf den fränkischen Kaufmann Beringer zurück. Nach schweren Schäden im II. Weltkrieg wurde die Kirche in den 70er Jahren des vergangenen Jahrhunderts rekonstruiert.

Linke Seite unten:
Wenn sich zu nächtlicher Stunde die laute Stadt zurücknimmt und die Lichter der Hakenterrasse mit dem Strom kokettieren, glaubt man sich in alte Märchenzeiten zurückversetzt.

Links:
Das Stettiner Schloss, die Keimzelle der Stadt, symbolisiert nicht nur eine über 1000jährige wechselvoll-dramatischer Geschichte, sondern auch die begründete Hoffnung auf ein dauerhaft friedvolles Neben- und Miteinander der Menschen in Pommern.

Oben:
Auch der Stettiner Rathausplatz – nach dem Krieg ein Trümmerfeld – nimmt langsam, aber unübersehbar wieder Gestalt und Farbe an.

Rechts:
Blick auf den Eingang des Neuen Rathauses von Stettin, das – von einem weiteren Nachfolgebau abgelöst – heute eine Seefahrtsschule beherbergt.

Links:
In den Jahren 1726-1729 entstand nach Plänen G. C. Wallrawes dieser schlichte Barockbau, welcher der pommerschen Ritterschaft für längere Zeit als Versammlungsort diente. Seit den dreißiger Jahren des 20. Jahrhunderts wird das Gebäude als Museum genutzt.

Unten:
Blick in den Treppenaufgang des Neuen Stettiner Rathauses. Für die neugotische Architektur und Ausstattung des zwischen 1875 und 1879 in der Neustadt – gegenüber der Grünen Schanze – errichteten repräsentativen Gebäudes zeichnete der damalige Stadtbaurat Kruhl verantwortlich.

Links:
Groß und Klein in enger Nachbarschaft: im Hintergrund die Backsteinmauern der Marienkirche, davor die Giebel zweier Bürgerhäuser. Zusammen mit dem Rathaus und der Alten Wache bietet die Ostseite des Marktplatzes von Stargard eines der schönsten Stadtbilder Pommerns.

Unten:
St. Marien zu Stargard ist nicht nur das größte Gotteshaus des Landes, sondern auch – nach den beiden hanseatischen Schwestern in Danzig und Lübeck – der gewaltigste Kirchenbau der norddeutschen Backsteingotik. Die Stadt selbst war von 1648 bis 1720 Hauptort des brandenburgischen Hinterpommerns.

Rechte Seite oben und unten:
Die Stargarder Bürger gründeten ihren beträchtlichen Reichtum größtenteils auf den Handel mit Getreide aus dem Weizacker-Land. Dies wiederum war den Stettinern ein Dorn im Auge, die sogar 1428 den ungeliebten Nachbarn überfielen. So nimmt es nicht Wunder, dass die Stargarder die Wege in ihre Stadt mit mächtigen Toren zu schützen versuchten – das Bild oben zeigt das Pyritzer Tor, das untere das Walltor.

Oben:
Die Giebelfassade des Stargarder Rathauses, das Mitte des 16. Jahrhunderts fertig gestellt wurde, ist durch Spätgotik und Renaissance geprägt. Die Restaurierung nach 1945 folgte in allem der historischen Vorgabe.

Oben:
Die alte, aus Findlingen und Backsteinen errichtete Stadtwehr, welche Stargard gürtete, blieb zum großen Teil erhalten – darunter auch drei Türme.

Links:
Blick über die Camminer Bucht auf die alte Bischofsstadt. Auf diesem Wasserweg kam 1842 das erste Dampfschiff von Stettin.

Linke Seite, oben links:
Das Steintor zu Cammin (Kamień Pomorski). Die am rechten Ufer der Dievenow gelegene Stadt geht auf eine wendische Burg zurück. Zu Beginn des 12. Jahrhunderts hatte hier der Pommernherzog Wartislaw I. seine Residenz.

Linke Seite, oben rechts:
Im II. Weltkrieg wurde Cammin zu über die Hälfte zerstört, das altstädtische Zentrum um den Markt zur Gänze. Zu den wiedererstandenen Prachtbauten zählt auch das Rathaus aus dem 14. und 15. Jahrhundert.

Linke Seite, unten links:
Das Gebäude der früheren Kolonialwarenhandlung Hoefs in Cammin stammt aus dem 17. Jahrhundert und zeigt sich seit den siebziger Jahren des vergangenen Jahrhunderts wieder in alter Gestalt.

Linke Seite, unten rechts:
Blick auf die Südwand des Camminer Doms, die im 15. Jahrhundert im Stile der Spätgotik aufgeführt wurde.

Links:
Im Gegensatz zur übrigen Stadt erlitt der Dom von Cammin im II. Weltkrieg nur vergleichsweise geringen Schaden. Der Turm wurde jedoch erst 1936 anstelle eines neugotischen Vorgängerbaues angefügt.

WEITES LAND IM OSTEN –

Weit geht der Blick über die Lontzkedüne bei Leba hinaus auf das Meer. Diese Perspektive spart die umliegenden Wälder aus, so dass die Illusion, eine Sandwüste vor sich zu haben, nahezu perfekt ist.

Im Gegensatz zu der vielfach eingeschnittenen, unregelmäßigen westlichen Strandlinie ist die hinterpommersche im Laufe der Zeit von der Natur begradigt worden. Die Wissenschaft hat dafür den Begriff Ausgleichsküste geprägt. Das heißt, Wind und Wasser lassen Nehrungen wachsen, die die Meeresbuchten allmählich abriegeln und zu Strandseen verwandeln. Der größte ist der Lebasee mit einer Fläche von rund 75 Quadratkilometern.

Diese Seen, sozusagen die kleinen Wasser hinter dem großen, machen den besonderen Reiz der hinterpommerschen Küste aus und ermöglichen – neben den Badefreuden am Strand und den vielen Sehenswürdigkeiten in den Städten – interessante Naturbeobachtungen. Finden doch hier viele Vögel und andere Tiere ein ideales Refugium.

Ebenfalls ums Wasser geht es bei der »Pommerschen Seenplatte« – dem in Deutschland zu Unrecht weniger bekannten landschaftlichen Kontrapunkt zur Küste. Doch hier, auf dem Rücken der Endmoränen, kommen auch noch »Berge« hinzu. Deshalb der Name »Pommersche Schweiz« (Pojezierze Pomorskie). Diese umfasst im wesentlichen die Kreise Dramburg (Drawsko Pomorskie) und Neustettin (Szczecinek) und hat in dem viel besuchten Stahlmoorbad Polzin (Połczyn Zdrój) ihren Mittel- und in dem so genannten »Fünfseengebiet« ihren Höhepunkt. In einer schmalen Erosionsrinne, die sich mehr als fünfzig Meter in den Höhenrücken gegraben hat, drängen sich Oberer, Runder, Langer, Tiefer und Kleiner See dicht aneinander. Und die bewaldeten Hänge ringsum liefern den grünen Rahmen für diese beeindruckende Idylle.

HINTERPOMMERN

Seite 85 oben und unten:
Das Meer gibt, das Meer nimmt: hier, in Hoff, Bauernhöfe, den Friedhof und den größten Teil der alten Kirche aus dem 13. Jahrhundert. Der Rest, ein Teil der Südwand, steht noch über dem Abgrund. Doch bei jedem Sturm stürzt etwas davon in die Tiefe. Irgendwann wird auch der letzte Stein verschwunden sein.

Oben:
Badefreuden am Strand von Hoff. Doch was der Gäste Freude, ist der Bewohner Leid. Frisst sich doch hier das Meer seit langem Stück für Stück ins Land, um es samt Menschenwerk zu verschlingen.

Oben:
Das Dorf Horst (Niechorze) im Kreis Greifenberg (Gryfice) darf sich bereits seit 1860 Seebad nennen. Die bewaldete Steilküste im Westen der Ortschaft wird durch einen 50 Meter hohen Leuchtturm gekrönt.

Unten:
Die Solequellen von Kolberg waren bereits den Wenden bekannt. In der Hansezeit wuchs die Stadt zu einem wichtigen Handelsplatz, dessen Entwicklung deutsche Siedler aus Lübeck, Greifswald, Westfalen und Niedersachsen prägten.

Rechts oben:
Die Stadt am rechten Ufer der Persante ist nur durch einen Dünenstreifen von der Ostsee getrennt. Kolberg wuchs vor allem durch das Meer. Streitbar war es schon immer. So stellte es einen beträchtlichen Teil der hanseatischen Kriegsleute.

Rechts Mitte:
Im Kolberger Kurpark, auf dem Areal der ehemaligen Festung »Fort

Münde«, steht dieser alte Leuchtturm, der heute eine polnische Gedenkstätte beherbergt.

Rechts unten:
Diese mächtigen hölzernen Buhnenreihen konnten zwar vor den zerstörerischen Kräften des Meeres, nicht aber vor denen des Krieges schützen. 1945, nach der Belagerung der Festungsstadt durch die Rote Armee, stand nicht einmal mehr ein Viertel des alten Kolberg.

Rechts:
Das neue Gesicht von Kolbergs ehemaliger Altstadt: Diese Gebäude sind erst in den letzten Jahren entstanden und sollen die untergegangene Bausubstanz nicht kopieren, sondern in zeitgemäßer Weise nachempfinden.

Unten links und rechts:
Wer die Entwicklung des heute polnischen Kołobrzeg verfolgt, entdeckt bei jedem Besuch immer mehr renovierte Gebäude, die nicht nur an die deutsche Vergangenheit erinnern, sondern auch den Willen der Polen dokumentieren, diese Schau-Stücke wieder erstehen zu lassen.

Oben:
Das Rathaus von Kolberg ist ein neugotischer Dreiflügelbau, der zwischen 1829 und 1832 errichtet wurde und den in den Napoleonischen Kriegen zerstörten Vorgängerbau ersetzte. Die Pläne lieferte Karl Friedrich Schinkel, die Ausführung lag in den Händen des Kölner Dombaumeisters E. F. Zwirner.

Links:
Blick auf Kolbergs »neue Altstadt« – diesmal von einem anderen, entfernteren Standort. Wie nicht zu übersehen ist, vermitteln auch diese Neubauten durchaus Atmosphäre.

Seite 91:
Der Kolberger Dom St. Marien wurde nach 1255 als dreischiffige backsteinerne Hallenkirche errichtet und über die Jahrhunderte hinweg verändert. Bei Kriegsende standen nur noch die Außenmauern. Inzwischen wurde das Gotteshaus wieder aufgebaut.

Rechts:
Im Kolberger Stadtmuseum hat zum Teil hochkarätiges Schnitzwerk aus zerstörten pommerschen Kirchen eine neue Heimstatt gefunden.

Rechts:
Nicht wenige der Fund-Stücke sind Teile von Altären und lassen, so wie dieser Engel, die Dimensionen des Gesamtkunstwerkes nur erahnen.

Ganz rechts:
Die turmlose Fachwerkkirche von Wusterhanse (Ostrowąsy) im Kreis Neustettin (Szczecinek) stammt aus dem Jahre 1738 und birgt eine interessante Innenausstattung. Auf dem Gethsemane-Altar thront Gott mit der Weltkugel und an der Decke hängt – wie an einer Longe – ein Engel, der das Fliegen zu üben scheint.

Oben:
Badefreuden pur. Infolge der geringen Industrialisierung sind die meisten hinterpommerschen Seen bemerkenswert sauber.

Rechts:
Die Pommersche Seenplatte – hier der Streitzigsee – umfasst allein 1400 Gewässer, die größer als einen Quadratkilometer sind. Nicht selten bilden diese regelrechte Seenketten. Bei weitem nicht so überlaufen wie Masuren, ist diese Landschaft kaum weniger reizvoll – auch wenn der Name »Pommersche Schweiz« ein wenig übertreibt.

Links:
An der Rega. Diese entspringt in der Pommerschen Seenplatte und mündet nach knapp 200 Kilometern in die Ostsee. Zeuge dieser Vermählung von Fluss und Meer ist die Kleinstadt Treptow, die auch der Hanse angehörte.

Unten:
Greifenberg (Gryfice), an der Rega gelegen, erhielt 1262 lübisches Recht und konnte sich, Ende des 14. Jahrhunderts, der ersten Lateinschule Pommerns rühmen. Trotz Kriegszerstörungen findet sich noch Sehenswertes – so die Stadtkirche nebst zwei Toren und dem Pulverturm der Stadtwehr.

POMMERNS

Über Jahrhunderte hinweg von Kopf bis Fuß verhüllt, ließen die Menschen Ende des 18. Jahrhunderts mit den aufklärerischen Gedanken auch wieder etwas mehr Sonne und Wasser an sich heran. Die altneue Erkenntnis, dass das Baden im Meer unter anderem bei Gliederreißen, Blutleere, schuppiger Haut und Trägheit des Darmes angezeigt ist, fand zuerst in England Anhänger und kam von dort nach Pommern. 1813 wurde Rügenwaldermünde als erstes Ostseebad gegründet; kurze Zeit darauf wurde in Swinemünde (Świnoujście) der Grundstein für Usedoms Entwicklung zur meistbesuchten Ferieninsel gelegt.

Von A wie Ahlbeck bis Z wie Zinnowitz reihen sich die Badeorte aneinander. Und im Werben um die Gunst der Besucher hat man neuerdings den alten Kaiser Wilhelm wieder hervorgeholt und nicht nur Heringsdorf, wo der Monarch sich ein paarmal einzuquartieren pflegte, sondern ebenso die benachbarten Ahlbeck und Bansin zu »Kaiserbädern« gemacht. In der Tat brauchte es nach den Jahren der Vernachlässigung erstaunlich wenig Zeit, der alten Badearchitektur Farbe und Glanz zurückzugeben und die berühmten Strandpromenaden ihrem Ruf, eine Fortsetzung der Berliner Friedrichstraße zu sein, wieder gerecht werden zu lassen. Darüber hinaus versucht man hier, nicht nur an alte Traditionen anzuknüpfen, sondern auch neue Highlights hinzuzufügen. So darf sich Ahlbeck zwar nach wie vor der einzig erhaltenen historischen Seebrücke rühmen, die größte besitzt aber seit 1995 Heringsdorf: Sie reicht einen halben Kilometer ins Meer hinein.

Die ersten Badegäste, die an die Ostsee kamen, mussten sich bei den Fischern einquartieren. Diese zogen währenddessen mit Kind und Kegel in den Schuppen um. Später schossen die Hotels und Pensionen aus dem Boden, doch waren noch lange Zeit danach solcherlei Quartiere gang und gäbe. Im übrigen erforderte dazumal das Baden eine Art Behausung. Hütten, Holzwände und andere Verschläge sollten die, eines so bedenklichen Teiles ihrer Kleidung entledigten, Gäste vor neugierigen Blicken verbergen. Erst viel später setzen sich der offene Strand und das freie Schwimmen im Meer durch.

SORTIERTE BADEGÄSTE

Und die Gäste sortierten sich. So favorisierte der Adel Putbus auf Rügen, während die Leute von Bühne und Film Heringsdorf vorzogen. Bansin galt als »Modebad« und Misdroy (Międzyzdroje) als Bleibe der Vornehmsten und Reichsten. Kolberg wiederum spielte sich gleich dreifach – als Sole-, Moor- und Seebad – in den Vordergrund. So verwundert es nicht, dass es 1938 mit einer halben Million Gäste zum meistbesuchten deutschen Ostseebad avancierte. An zweiter Stelle stand damals übrigens Swinemünde – beide im heutigen Polen gelegen.

Was die Qualität und Vorzüge dieser und anderer Badeorte jenseits der Grenze betrifft, geraten lange gepflegte Klischees ziemlich durcheinander. So stimmt es längst nicht

Links oben: *Das Ostseebad Binz auf Rügen am Ende des 19. Jahrhunderts – im Hintergrund das Kurhaus.*

Oben: *Ahlbeck lockt mit einem rund vier Kilometer langen feinen Sandstrand. Im Hintergrund ist die berühmte Seebrücke zu sehen.*

Seite 59 ganz oben: *Auch das Seebad Sellin auf Rügen kann auf eine große Tradition verweisen: Bereits um 1900 kamen pro Jahr etwa 5000 Gäste in den kleinen Ort.*

» B A D E W A N N E N «

mehr, dass der Urlaub dort nicht viel kostet. Und dass Unterkunft und Infrastruktur bescheiden sind. Die Veränderungen rühren nicht zuletzt von jenem kräftigen Westwind, der den Euro (dortzulande Juro ausgesprochen) mit nach Polen bringt. Den mächtigen Devisen zum Trotz stimmt es hingegen noch immer, dass man an der polnischen Ostseeküste viele jener einsamen und verschwiegenen Badeplätze findet, die in Deutschland längst zugebaut worden sind.

Die große Beliebtheit der über ein halbes Hundert Kurorte an der deutschen und polnischen Ostseeküste gründet sich nicht nur auf die weiten feinsandigen Strände, sondern auch auf das Fehlen der Gezeiten und den relativ niedrigen Salzgehalt. Obwohl die Frage nach dem romantischsten Platz am Meer nicht leicht zu beantworten ist, zählt die Halbinsel Fischland/Darß/Zingst zu den ersten Anwärtern. Sind doch hier, im Nationalpark Vorpommersche Boddenlandschaft, die See, Urwälder, Moore, Dünen, Salzwiesen, Schilfgürtel, Steilküste und Sandstrände sowie malerische Ortschaften mit bunten schilfgedeckten Häusern in enger Nachbarschaft verbunden.

Rechts:
Putbusser Dialog: Im Hintergrund das klassizistische Badehaus, im Vordergrund eine Plastik aus gegenwärtiger Zeit.

Ganz rechts:
Das Kolberger Seebad ist rund 200 Jahre alt. Nachdem man seit 1830 die Solquellen für medizinische Zwecke nutzte, entstanden nach und nach auf dem Dünenwall die ersten Villen und Hotels.

Rechts:
Labes (Łobez), im Kreis Regenwalde (Resko) liegt an der Rega und besaß lübisches Stadtrecht. Die Bewohner des Städtchens machten sich seit dem Mittelalter als Schuster und Tuchmacher einen Namen. Im Süden der Ortschaft hatte das Pommersche Landgestüt seinen Sitz.

Seite 96 oben und unten rechts:
Schivelbeins Burg (Schloss) geht vermutlich auf die Templer zurück und wurde später vom Deutschen Orden übernommen und ausgebaut. Nach der Säkularisierung des Ordensstaates ging sie in den Besitz der Johanniter über, die hier bis 1808 eine Komturei unterhielten.

Seite 96 unten links:
Schivelbein entstand auf einer wendischen Burgstätte und erhielt Ende des 13. Jahrhunderts Magdeburger Recht. Von der mittelalterlichen Stadtwehr ist nur das in der ersten Hälfte des 14. Jahrhunderts errichtete Steintor erhalten geblieben.

Seite 98:
Treptows Stadtkirche St. Marien wurde zwischen 1303 und 1370 errichtet. Das dreischiffige Gotteshaus wird von einem 90 Meter hohen Turm überragt. Die ursprüngliche Ausstattung ist größtenteils verlorengegangen.

Links:
Da auch Treptow nach 1945 zur Hälfte in Trümmern lag, blieben von der alten Stadtwehr, mit deren Bau um 1300 begonnen wurde, nur noch einige Mauern sowie der in zylindrischer Form aufgeführte Grützturm erhalten.

Ganz links:
Als Garnisonsstadt erlebte Treptow einen neuen Aufschwung. Ab der Mitte des 19. Jahrhunderts wuchs der Ort und wurde 1882 auch an das Eisenbahnnetz angeschlossen. Aus dieser Zeit findet sich noch manch schöne Fassade.

Links:
In Treptow spielt auch ein wichtiges Kapitel pommerscher Geschichte. Trat doch hier am 13.12.1534 der Landtag zusammen, um auf Initiative der Herzöge Barnim XI. und Philipp I. und unter Beteiligung von Luthers Freund Bugenhagen die Kirche zu reformieren.

Oben:
Auf seiner ersten Missionsreise durch Pommern kam Bischoff Otto von Bamberg 1124 auch nach Belgard (Białogard). Als Zollstation an der von Kolberg ausgehenden Salzstraße sowie durch die Schifffahrt auf der Persante kam die Stadt zu frühem Wohlstand. Aus dieser Zeit stammt auch das Hohe Tor.

Rechts:
In der ehemaligen Kreisstadt Bütow steht, als westliche Grenzbastion, eine der besterhaltensten Burgen des Deutschen Ordens. Beachtlich sind auch deren Ausmaße: Drei Rundtürme und ein Bergfried schützten ein 72 x 52 Meter großes Geviert.

Links:
Das Treptower Schloss diente in den fünfziger und sechziger Jahres des 18. Jahrhunderts fast zwei Jahrzehnte lang Herzog Friedrich Eugen von Württemberg als Residenz und war noch bis ins 19. Jahrhundert hinein Wohnsitz württembergischer Prinzen.

Unten:
Im südwestlichen Teil Bütows steht auf einem alten Burgwall die dem heiligen Georg geweihte Bergkirche. Sie wurde aus Findlingssteinen aufgeführt. Die Inneneinrichtung, außer dem Taufstein, ging verloren.

Rechts:
Ende des 13. Jahrhunderts fertiggestellt, fiel die Marienkirche zu Greifenberg dem großen Stadtbrand von 1658 zum Opfer und musste neu aufgebaut werden. Die kupferne Barockhaube wurde dem Turm im 18. Jahrhundert aufgesetzt.

Links:
Da Neustettin 1945 von Zerstörungen weitgehend verschont geblieben ist, lohnt sich ein Besuch. Das Bild zeigt den Marktplatz der ehemaligen Kreisstadt, die 1310, also im gleichen Jahr wie Stettin und deshalb auch die Namensgebung, lübisches Recht verliehen bekam.

Links:
Die Stadt Neustettin entstand auf einer Landenge zwischen zwei zur Pommerschen Schweiz gehörenden Seen. So fällt es den Einwohnern nicht leicht, sich zwischen Vilm- und Streitzigsee (Bild) zu entscheiden.

Unten:
Idyllisches kleinbäuerliches Anwesen in Varzin (Warcino).

Unten:
Nicht wenige der polnischen Bauern in Pommern sind in erster Linie Selbstversorger und können eigentlich von der Landwirtschaft allein nicht leben. So muss alles genutzt werden.

Oben:
Diese vorzüglich instandgesetzte Fachwerkkirche steht in Radawnitz (Radawnica) im Kreis Flatow (Złotów). In dieser Bauweise errichtete Gotteshäuser finden sich vermehrt auf dem Pommerschen Höhenzug.

Oben:
Auf Pommerns Straßen gehören Pferdefuhrwerke noch zum alltäglichen Bild. Die Modernisierung der polnischen Landwirtschaft wird durch das fehlende Geld beziehungsweise die hohen Zinsen gebremst.

Rechts:
Nach der Vertreibung der deutschen Bevölkerung wurden die meisten evangelischen Gotteshäuser von den polnischen Katholiken übernommen. So erklärt sich auch die gute Erhaltung dieser Kirche.

Rechts:
In vielen hinterpommerschen Orten, wie hier in Treptow, warten noch viele Häuser auf ihre Renovierung.

Unten:
Pommerns weite Fluren wurden sprichwörtlich. Die Wiesen und Felder sind scheinbar ohne Grenzen – nur hie und da durch einen See oder einen Wald unterbrochen. Das treffliche Wort vom alles beherrschenden »pommerschen Landgefühl« geht auf K. Weiss zurück.

Oben:
Über lange Zeit hinweg hatte Hinterpommern den Ruf einer besonders abseits gelegenen und auch rückständigen Region. Doch je weiter im Westen die Industrialisierung fortschritt, desto mehr lernte man die Ursprünglichkeit und Ruhe dieser Landschaft schätzen.

Links:
Was dieses Pferd in der Stadt Treptow sucht? – Nun, es frisst keinen Sprit und braucht auch keinen Mechaniker, um fit zu bleiben. So hilft es fleißig mit, seinen Besitzer zu nähren.

Seite 108 oben und unten:
St. Marien zu Köslin ist eine dreischiffige gotische Backsteinbasilika, die im 16. und 17. Jahrhundert durch einen Kapellenkranz erweitert wurde. Von der ursprünglichen Ausstattung sind nur ein steinernes Taufbecken, ein hölzernes Kruzifix sowie einzelnes Figurenwerk vom Hochaltar erhalten geblieben.

Unten links:
Köslin hat eine reiche und bewegte Geschichte – die Stadt war nicht nur fürstbischöfliche Residenz und Sekundogenitur der pommerschen Herzöge, sondern auch Regierungssitz von Hinterpommern. Aus letzterer Zeit stammen noch zahlreiche Gebäude.

Unten:
Die Küste des kleinen Ostseebades Funkenhagen wird von einem Leuchtturm überragt, der 1876 seiner Bestimmung übergeben wurde. Am darunter gelegenen Strand fand man 1576 einen riesigen Bernsteinklumpen von fast sechs Kilogramm Gewicht.

Oben:
Unter den vielen Schulen der 100 000-Einwohner-Stadt Köslin ist auch noch, wie hier auf dem Foto zu sehen, manch historisches Gebäude. Die Ingenieurschule gibt es freilich erst seit 1968.

Oben:
In Köslin. Zwischen den Gebäuden ist der massige Westturm der Marienkirche, die 1333 erstmals urkundlich erwähnt wurde, zu sehen.

Rechte Seite:
Die Rügenwalder Marienkirche vom Ende des 14. Jahrhunderts birgt auch den Sarkophag Erichs I., der 1397 zum König der Kalmarer Union von Norwegen, Schweden und Dänemark gewählt wurde. Das, was von dem einst so berühmten Silberaltar übrig blieb, hat inzwischen im Stolper Museum eine neue Heimstatt gefunden.

Rechts:
Blick auf den Markt von Rügenwalde, der dem Krieg zum Trotz sein ursprüngliches Erscheinungsbild bewahren konnte. Die Stadt an der Wipper wurde durch ihre Teewurst, die nach der Vertreibung in Deutschland hergestellt wird, weithin bekannt.

Rechts:
Das Schloss in Rügenwalde erhielt zwischen 1449 und 1459 durch Herzog Erich I. von Pommern die entscheidende Prägung. Seine museale Existenz begann 1929 als Kreisheimatmuseum und dauert bis heute fort.

Rechte Seite:
Am Stolper Schloss wurde seit Beginn des 16. Jahrhunderts über lange Zeit hinweg gebaut. Seine grundlegende Rekonstruktion erfolgte in der Mitte des vergangenen Jahrhunderts und zielte auf die Wiederbelebung der von Wilhelm Zacharias geschaffenen Renaissancearchitektur.

Oben links:
Die Kirche des Dominikanerklosters in Stolp stammt aus dem 15. Jahrhundert. Nach Zerstörung und Instandsetzung wurde sie um 1600 als Johanniskirche neu geweiht. Der einschiffige, von einem Sterngewölbe überzogene Bau birgt einen mächtigen barocken Altar von 1602.

Oben rechts:
Das Stolper Dominikanerkloster wurde einst durch das Mühlentor geschützt, das, samt Mühle, auf dem Bild zu sehen ist.

Unten links:
Zu den sehenswerten Sammlungen des Museums im Stolper Schloss gehören auch Altäre beziehungsweise Schnitzwerke aus untergegangenen pommerschen Kirchen – so diese hl. Jungfrau vom Anfang des 16. Jahrhunderts.

Unten rechts:
Dieses »Marias Familie« betitelte Flachrelief aus dem Stolper Museum entstand um 1520.

Rechts:
Die »Polnische Sahara« aus der Vogelperspektive. Idyllisch und friedlich mutet die Wanderdüne unter dem weiß-blauen Sommerhimmel an. Doch ihrem ständigen Bewegungsdrang fällt alles zum Opfer, was im Wege steht.

Rechts:
Nachdem Stolpmünde (Ustka) im Mittelalter der Einfuhr von Kolberger Salz und Heringen gedient hatte, entwickelte es sich zum größten Hafenort Hinterpommerns.

Oben:
Mit der Einrichtung des fast 200 Quadratkilometer umfassenden Słowiński-Nationalparks werden nicht nur die Flora und Fauna des Lebasees und des Garder Sees geschützt, sondern auch die Wanderdünen.

Links und Seite 114 unten rechts:
Der Leuchtturm von Scholpin (Czolpino), im Słowiński-Nationalpark, leuchtet nicht nur den Schiffen den Weg, sondern bietet auch einen großartigen Blick über die Seen, die Nehrung und das Meer.

Rechts: Landschaft bei Scholpin. Die hier lebenden Slowinzen – die auch dem Nationalpark den Namen gegeben haben – zählen zum westslawischen Volksstamm der Kaschuben.

Unten: Blick über den Garder See zum Revekol, einem rund 100 Meter hohen Moränenhügel bei Schmolsin (Smoldzino). Dieser »Berg«, eine der markantesten Erhebungen der hinterpommerschen Küste, war auch den Seefahrern Orientierungszeichen.

Oben:
Landschaft bei Schmolsin. Das große Dorf im Kreis Stolp wurde 1281 als »villa smolino« erstmals erwähnt. Es gehörte damals zum Besitz des Prämonstratenserklosters Belbuck bei Treptow.

Links:
Diese Kapelle von 1632 steht in Schmolsin. Von den ursprünglich 150 Gemälden auf der Kassettendecke sind noch rund ein Drittel erhalten. Der Altar ist Christi Passion gewidmet.

Unten:
Das Freilichtmuseum von Klucken (Kluki), einem Fischerdorf im Leba-Moor, wurde nach dem Krieg gegründet und umfasst mehrere Gebäude aus dem 19. Jahrhundert. Hier werden Lebensweise und Brauchtum der Slowinzen dokumentiert.

Rechts oben:
Die Slowinzen, auch Leba-Kaschuben genannt, siedelten in den kleinen Dörfern um den gleichnamigen See. Sie nahmen, im Gegensatz zum weiter südlich beheimateten Teil ihres Volkes, schon recht bald die protestantische Konfession an.

Rechts Mitte:
Unter den reetgedeckten Dächern der Holzhäuser war nur wenig Raum zum Wohnen. Die kleinen Stuben enthielten das Nötigste zum Leben.

Rechts unten:
Der Friedhof von Klucken gehört nicht nur den Toten, sondern auch der Erinnerung an deren ausgestorbene Sprache – das Slowinzische. Vereinzelt noch bis in das 20. Jahrhundert hinein in Gebrauch, musste es dem Plattdeutschen weichen.

Oben:
Das Städtchen Leba geht auf eine wendisch-wikingerische Siedlung zurück. Doch diese erste Ortschaft mit lübischem Recht musste in der zweiten Hälfte des 16. Jahrhunderts angesichts der heranrückenden Wanderdünen aufgegeben werden und wurde an einem sicherer gelegenen Ort neu gegründet.

Rechts:
Der Lebaer Hafen war zunächst Umschlagplatz für Holz, Salz, Getreide und Kartoffeln. Ende des 19. Jahrhunderts begann dann die Hochseefischerei eine zunehmend größere Rolle zu spielen.

Links:
Vor dem II. Weltkrieg durfte sich Leba rühmen, der bedeutendste Sprottenhafen Deutschlands zu sein. Der größte Teil der »Kieler Sprotten« wurde hier angelandet und geräuchert. Dieser Berufstradition fühlen sich auch die polnischen Fischer verpflichtet.

REGISTER

N
Wittow
Hiddensee
Sassnitz
Rügen
Darß
Zingst
Bergen
Barth
Putbus
Göhren
Stralsund
Damgarten
Greifswalder Bodden
Grimmen
Greifswald
Wolgast
Loitz
Peene
Gützkow
Demmin
Anklam
Altentreptow
Neubrandenburg
Neustrelitz
DEUTSCHLAND
Berlin
Brandenburg
Potsdam

Ostsee
Pommersche Bucht
Łeba/Leba
Jez. Lebsko/ Lebasee
Smołdzino/ Schmolsin
Ustka/ Stolpmünde
Lebork/ Lauenburg
Gdynia/ Gdingen
Słupsk/ Stolp
Gdansk/ Danzig
Darłowo/ Rügenwalde
Sławno/ Schlawe
Ustronie Morskie/ Henkenhagen
Kołobrzeg/ Kolberg
Koszalin/ Köslin
Bytów/ Bütow
Polanów/ Pollnow
Zinnowitz
Rewal/ Rewahl
Trzebiatów/ Treptow
Karlino/ Körlin
Białogard/ Belgard
Miastko/ Rummelsburg
Usedom
Miedzyzdroje/ Misdroy
Kamień Pomorski/ Cammin
Ahlbeck
Świnoujście/ Swinemünde
Gryfice/ Greifenberg
Bobolice/ Bublitz
Biały Bór/ Baldenburg
POMMERN
Stettiner Haff
Ploty/ Plathe
Resko/ Regenwalde
Świdwin/ Schivelbein
Barwice/ Bärwalde
Szczecinek/ Neustettin
Chojnice/ Konitz
Torgelow
Nowogard/ Naugard
Łobez/ Labes
Człuchów/ Schlochau
Pommersche Seenplatte
Jez. Drawsko/ Dratzigsee
Police/ Pölitz
Goleniów/ Gollnow
Drawsko Pomorskie/ Dramburg
Czaplinek/ Tempelburg
Ledyczek/ Landeck
Złocieniec/ Falkenburg
Jez. Lubie/ Gr. Lübbesee
Szczecin/ Stettin
Jastrowie/ Jastrow
Złotów/ Flatow
Miroslawiec/ Märkisch Friedland
Stargard Szczecinski/ Stargard
Gryfino/ Greifenhagen
Jez. Miedwie/ Madüsee
Recz/ Reetz
Wałcz/ Deutsch Krone
Drawno/ Neuwedell
Choszczno/ Arnswalde
Odra/Oder
Pyrzyce/ Pyritz
Piła/ Schneidemühl
Pommerscher Höhenrücken
Bydgoszcz/ Bromberg
Schwedt
Trzcianka/ Schönlanke
Dobiegniew/ Woldenberg
Krzyz Wielkopolski/ Kreuz
Strzelce Krajeńskie/ Friedeberg
Drezdenko/ Driesen
Noteć/Netze
Gorzów Wielkopolski/ Landsberg
POLEN
Poznań/ Posen
Frankfurt

Abendstimmung am Strand von Misdroy. Die Fischerboote sind über Nacht auf den Strand gezogen worden.

Impressum

Buchgestaltung
hoyerdesign grafik gmbh, Freiburg

Karte
Fischer Kartografie, Fürstenfeldbruck

Printed in Germany
Repro: Artilitho, Trento, Italien
Druck und Verarbeitung:
Offizin Andersen Nexö, Leipzig

ISBN 3-8003-1608-0

Ralf Freyer,
geboren 1963, lebt als freier Fotograf und Autor in Freiburg. Neben zahlreichen Bildbänden zu regionalen und internationalen Reisethemen hat er seine Bilder in Reportagen, Reiseführern und Kalendern veröffentlicht.

Ernst-Otto Luthardt,
geboren 1948, lebt und arbeitet in Franken. Zum Schwerpunkt seiner Tätigkeit als freier Autor gehören kulturhistorische Abhandlungen und Texte zu Reisebildbänden.

Stürtz